保育の「ヘンな文化」

ここまでしゃべっていいのかしら？

そのままでいいんですか!?

柴田愛子×大豆生田啓友

小学館

はじめに

ご一緒に整理しましょ！ 保育の「これから」

文／柴田愛子

なんと、半世紀にもわたって保育をしてきました。

50年を振り返ると、当たり前ですけど時代はとても変わってきました。暮らしは電化が進み、総菜コーナーが拡張されて、家事労働が軽減されました。道路は整備され、コンクリートで埋め尽くされて、子どもの群れが遊ぶ場所は公園以外にはなくなりました。住まい方も変わり、他人が家に出入りしたり、お隣づきあいすることがなくなった反面、はるかに個人が守られるようになりました。

少子化、共働き世帯の増加に起因してか、お稽古や塾、学童に通うことが当たり前になり子どもに自由はなくなってきたように思います。そして、近年のＩＣＴの急進化に目を見張るばかりです。よいも悪いも時の流れでしょう。

それでも、ずーと変わってこなかったのが保育業界だった気がします。20代はじめに幼稚園に勤めて違和感を覚えたこと、そ

のまんまの姿を目にします。行事の多さ、声を合わせてのごあいさつ、保育文化といっていいほど伝承されている気がします。

ところが、近年揺さぶりがかかってきました。自己肯定感、非認知能力、主体性と子ども一人ひとりの育ちを大事にする方向性が示され、「昔からこうだったのよ」の世界に衝撃が！　さらに不適切な保育という耳慣れない言葉が氾濫し、チェックリストが配布され…とウカウカしていられないことに。保育料が無償になり、待機児童が減ってきて、園がサービスの中身で子どもを獲得、なんてことになってきました。

親はサービスを要求する側、園はサービスに応える側みたいな関係になり、ともに並んで情報を交わしながら育て合っていく感覚が薄れつつあります。

「こども家庭庁」なるものが登場し、目指すは「こどもまんなか社会」。こんなに子どもに関して国ぐるみの方針が出されたことは初めてではないでしょうか？

ここで肝心なのは、子どもの育ちは昔から変わっていないということです。そして、子どもの健康な育ちを援助するのが私たち保育者の仕事だということです。ここ数年の目まぐるしい変化に戸惑う現場、「長いこと続けられてきた保育文化をどうする？」と、混乱状態を迎えているのがいまなのではないでしょうか？

そこで、気心知れた大豆生田さんと本音で話します。みなさんとご一緒に私も整理したいんです。だって、私たちの前には一人ひとりの子どもがいます。かんちゃん、さっちゃん、とおるくん…この子どもたちが安心して日々を過ごせること以外に、大事なことはありませんから。

大豆生田　愛子さん、保育のあれこれについて、おしゃべりしません？

柴田　話題はいっぱいありますよね。「それってどうなの!?」って思う保育の古い常識はまだまだ残っているし、それから最近は、保育における子育て支援というのも気になっているんです。

大豆生田　それらは全部、
保育の質の話とつながっていますからね。

柴田　あと私、大豆生田さんに言いたいこともあるの。
もう、あれもこれも
言いたい放題言っちゃっていいかしら？（笑）

大豆生田　もちろん！
ぼくも言っちゃいますから（笑）。

目次

Part 1 ——

保育の「ヘンな文化」いまこそ変えるチャンス!?

え!? まだやってるの? 並んでトイレに行く習慣、多すぎる行事…

大豆生田　共主体の※本を出させてもらったんですけどね。そこで提案しているのは、いままで「主体性」って積極性とか自主性とか、つまり「はいはいはい!」って自分から声を出せる子が主体性がある子みたいに見られていたけど、そうではなくって、主体性はもともとみんなの中にある「その子らしさ」って見直してみたらどうだろうかって。

柴田　うんうん、そうね。

大豆生田　自ら声を出せない子の中にも、その子の思いや願い、よさみたいなことがあるって見ることができれば、子どもに対してもまったく見方が変わりますよね。

柴田　そうですよね。ものを言えないのも主体性っていう大豆生田さんのおっしゃるのは本当に納得するんです。でもね、そこでギクシャクしてくるのが、いわゆる保育の中のいままでのシステムっていうかルールっていうか、生活習慣っていうか…じゃないかしら。たとえばね、並んでトイレに行くっていうのがあるじゃない? いまでもあるって聞いてすごくびっくりしちゃったんだけど。

「そのときトイレに行きたくない人はどうするの」って言うと「待ってる」っていうのよ。で、その子があとからおしっこって言うと「だからさっき…(みんなで行く時間に…)」っ

※『子どもが中心の「共主体」の保育へ』大豆生田 啓友／監修　おおえだ けいこ／著(小学館)

てね。**片や主体性が大事っていわれて一人ひとりを尊重していこうよっていうふうになっていてよ? 片や並んでトイレ行っちゃったりさ、何なのあれ?** って。

大豆生田　つまり、思考停止なんだと思うんですよね。もう考えない。「そうすることになっている」というこれまでの「型」があって、前からそうやっていたから、トイレは並ばせるものだからと。**いつしか自分の体に埋め込まれてしまってるものが、問い直されずにある姿なのかなといつも思うんですよね。**

柴田　そうするとね、それを文化っていうかどうかわからないんだけど、その思考停止している中に独自の文化があるわけじゃないですか。たとえば、登園時に「おはよう」って言ったのに、朝の会で「先生、おはようございます。みなさん、おはようございます」ってまた言わせたりね。私が前に勤めてたところには、お片づけの歌があったり。それから行事が多い! 私は保育者になったときにびっくり仰天したわけよ。この世界は何なんだって。日常の私だったらやらないことをやる場所だって、すごく違和感があったんです。だけど、私はヘンだと思ってきたけれど、もしかしたら「ヘンな世界の文化」っていうとらえ方もできるんだろうかと、さっきふっと思ったんです。

大豆生田　ある意味で文化だと思います。自分たちで作り上げてきて当たり前になってきているものだから、文化ですよね。

柴田　あえてそれを壊す必要ってないもの?

大豆生田　いやいやいや、その文化が思考停止された文化だから。やっぱりちゃんと声をあげていくとか、問い直すってことが、これから必要になると思っています。

柴田　なるほどね。そこには作り上げてきた文化があるんだけど、**時代ってやっぱり動いてるわけだから、**そのときそのときに**そこで生きてる人たちが変化させていって、自分たちが納得する文化を作っていく、っていうこと？**

大豆生田　そういうことですよね。

柴田　うんうん。

大豆生田　子どもが自分らしく生きられることと、ほかの人と一緒に折り合いをつけながらそれを作っていけることっていうのを、探っていく必要があるわけですよね。それは民主主義の社会をどう作っていくかと、哲学的にも教育学的にもずっと問われてきた大きな課題です。※ルソーの時代あたりからのテーマでもあります。でもさっきの園は、愛子さんのいう「ヘンな世界」が文化になってしまって、考えることもせずに「そうやるもの」ってなっている。みんなで並んでトイレに行くのもそう。ただ考えてないだけなんですよね。

柴田　そうねえ（苦笑）。

大豆生田　だけどそれが本当に、一人ひとりが自分ら

※ジャン・ジャック・ルソー（1712～1778年）フランスの思想家。

しく生きられるとか、ほかの人とともに気持ちよく生きる場所として大事なのかっていう議論が、これからあちこちの園で必要になってくると思うんですよね。みなさんも**自分の園の具体的なことに置き換えてみると、いままで気がつかないでいたけど、じつは「ヘンだよね」ということが随所にあるのだろうと思うんですよ。**

柴田　そうですよね。

私、幼稚園の先生になって一番イヤだったのが、折り紙を教えることだったの。折り紙を折れることが人生の何の足しになるのかなと思っててさ。さらによ、折り紙が好きな子に「折り紙は1日2枚まで」って言っちゃって。私、家に帰ってから一生懸命折り紙を折って園に持っていってたけどね。折り紙を保育の現場でやる必要がなぜあるんだろうってすごく疑問だったの。でもね、いまの現代になると、折り紙って保育現場で伝承していかない限り、もしかしたら消えちゃうんじゃないかと思うわけよね。

七夕とかそういう行事もそうで、当時は行事に動かされる保育はイヤだと思ってたの。そのことに使う時間がもったいないと思って。でも、日本にそんな習慣があったことすら

消えちゃっていくのかもと思ったら、ちょっとやってもいいかなと思ったりするようになるんだけどね（笑）。だから、時代と人によって流れるものなんですよね、文化って。

大豆生田　ぼくね、自分が幼稚園で担任やってたときには、折り紙は半ば「（カリキュラムに）入れるもの」っていうふうになっていて、だから思考停止していて折り紙は「させること」だったんです。しかも折り紙って一斉でやる文化でした。

柴田　そうなのよ〜！

大豆生田　折り紙なんか一斉でやったら効率悪すぎなんですよね。スキルが問われるから個人差が大きすぎて、やめたいとか、抜けていいかとか、遊びにいっていいかって言われて、「いやいや、これも遊びだから」とわけのわからないこと言っちゃってね（笑）。

柴田　ほんとだよね（笑）。

大豆生田　ただやっぱり一斉型《がた》ではなくてコーナーに出しておくとおもしろくって。折り紙がすごく好きな子がいて、その子たちでやり始めるとえらく魅力的で。

柴田　そうなのよ！

大豆生田　だれかがやり始めてこんなおもしろいんだ、こんなこともできるんだってことをちゃんとみんなで集まったときに共有すると、ほかの子も「やるぞ」ってなる。特に4歳後半から5歳ぐらいの子どもは…。

柴田　好きだよね。

大豆生田　そう。だから、日本の伝承文化だからというよりも、あれは「型《かた》」のおもしろさでもあるし、ちょっと困難を乗り越える、難しいものへのチャレンジのおもしろさでもあって。特に年長のころにうまく時期とか興味がハマると、ぼくはすごくおもしろいなと思っているんです。

柴田　そうね。

ね、そこに新しい文化が入り込んできたと思うんだけどね。ひとりの女の子がシロクマの折り紙を持ってたの。「あなた作ったの?」って聞くと「そうそう」って。上手だねって言うと、「あのね、YouTubeでね、すみっこぐらし、しろくま、かんたん、おりがみってやってみ。"かんたん"を入れないとダメなんだよ」って教えてくれてね(笑)。「わかった!」って言ってやってみたら、そのYouTuberの教え方が上手なのよ。間のとり方といいね。そういうふうに、時代って流れていくと伝承する方法が変わってきたりするじゃない? そういうのはどう思う?

大豆生田　ぼくはこれを両面から考えたいと思っています。ICT(情報通信技術)みたいなことって子どもたちの生活の中にはもうすでに織り込まれているので、それが豊かに活用できるっていうこと自体は否定しない。けれど、その**ICTが入ることで子ども同士の教え合いの文化がうまくいかない場合もあるとするならば、**そういうところは、そこにいる**大人がどうコントロールしていくかっていう課題はあるなと思っていて。**

柴田　なるほどね、そうよね。

大豆生田　もちろん、スマホやタブレットを見ながらでも教えたりはできるんだけど、そこで手を取り、だれかが教えるっていうのがなくなっちゃったら、とても残念じゃないですか？　一生懸命に折った折り紙を「○○ちゃん、すげえ！」って言ってもらえる関係が生まれるって大切ですよね。

柴田　そうよね〜。

これからの世代には必須!?保育×ICTの話

柴田　あのね、りんごの木で毎年行っている「とことん週間」（自分がやりたいことを、同じ思いの仲間とともに1週間とことんやるという活動）のときに「ステージ」っていうテーマでやったグループがあって、その子たちはダンスをすることにしたのね。でも、グループについた、あゆちゃん（保育者）は知らないダンスなのよね。

そしたらね、子どもたちがあゆちゃんに「スマホ貸して」って言って、ＹｏｕＴｕｂｅでダンスを見てみんなで一生懸命練習してたのよ。私たちの世代だったらそんなことはやらないって思ったけど、子どもたちは朝早くから集まったりして、大人はおまけみたいな感じでことが進んでいってね。

そのうち「親に見せたい」「親に見せようよ」ってなったんだけど、グループの中で舞台監督みたいに舞台の装置や照明なんかを全部見ていたまあちゃんがね、親を呼ぶのはイヤだって言ったの。「ぼくはお母さんが来るならやらないから」ってなっちゃった。で、それを解決したのが、またこれ（ＩＣＴ）でね。

大豆生田　へぇ～！

柴田　「じゃあ、来たい親は来たらいいじゃん。まあちゃんは親が来るのはイヤなんだから、まあちゃんのお母さんにはＹｏｕＴｕｂｅで見せようよ」って。

大豆生田　ハハハ（笑）。それならいいだろうって？

柴田　そう！

大豆生田　使い方が上手じゃないですか。

柴田　ですよね。それで、ほかの人は従来通り、お父さんお母さんがチケットを持って見に来てね、「どの席がいいですか」なんてやっているんだけど、まあちゃんのおうちではダンスの映像がＹｏｕＴｕｂｅで流れてるのよね（笑）。そのときに、やっぱり若い保育者だと新しい形が出てくるなと思ったの。

大豆生田　そうですよね。

柴田　でね、そこでちょっと素敵だったのは、子どもたちがそうやって自分たちでどんどんやっている姿を見て、あゆちゃんは「私だけが何もできないまま」って言ったの。「子どもはこうやって日々燃えてやっているのに、私だけが何もできていない」って。「だから私も何かに挑戦したい」って言い出して、彼女はピアノがあまり得意じゃないから、「私はピアノをがんばる！」ってね。子どもの歌に合わせて練習していたんです。そのあゆちゃんに子どもたちが「大丈夫だよ、きょうは間違いが1回だけだったからね」って（笑）。

大豆生田　いいですね～（笑）。

柴田　親を呼んだときも「あゆ、がんばるんだよ！」「うん！」なんて子どもたちに励まされていてね。大人とか子どもじゃなくて同列になって、そこがあゆちゃんのよさかなと思ったんだけどね。私にはわからないような新しいものが入り込んでいて、それに子どもは平気でなじんでいく。

大豆生田　**「ICT使うなんて」みたいな排除論もあるけれど、子どもたちの生活にはもうすでに入り込んでいるわけだし、若い世代にもそれが当たり前で。否定から入るのはもったいないなって思いますよね。**なるべく「ねば」とか「べき」を作らずに、どこでこのICTが生かされるのか。もちろん身体性＝体を伴うこと（実体験）が大事だったり、対話・コミュニケーションがあることが大事だったりするので、そこがICTによって阻害されていないかをちゃんと問うことが必要。この事例の場合はICTを使ったことで、むしろ豊かな参加の仕方が生まれてきているわけですよね。

柴田　そうなんですよね。それでね、私がもうひとつびっくりしたのは、そういう保育を展開していくときに、あゆちゃんが「YouTubeを使ってもいいですか」って私にひと言も聞かなかったこと！

大豆生田　ハハハハ!!（笑）。そもそも、聞かないとしちゃいけないと思っていないところがいいと思います。

柴田　そうですよね。

大豆生田　若手がこうしてみたい、ああしてみたいということを、上に聞かなくてもある程度やれちゃう。もちろん聞いたほうがいいこともあるんだけど、それができちゃうのっ

て、やっぱりすごく大事ですよね。

柴田　どうして、あんなふうに堂々と言えるかと思うぐらいですよね（笑）。

柴田・大豆生田　ハハハハ！（笑）

お茶くみ文化はまだある!? いまだ根強い「タテ社会」

柴田　あゆちゃんとは、一度※ミーティングで大ゲンカしたことがあるんです。「何になりたいか」っていう話題から彼女が、「流れ星を見たときに願いごとを3回唱えるとかなうんだ」って言って。それで早口言葉の練習みたいになっていったわけ。

大豆生田　それは子どもも入っているミーティング？

柴田　そう。でね、私は、「あなた、何言ってんの？　3回言ったら願いごとがかなうなんて、そんなのうそっぱちだわ。あり得ない！」って言ったのよ。そしたらあゆちゃんがね、「いや、そんなことはないです。だって、それだけ思いが強いってことですから！」って。

大豆生田　ハハハ！（笑）

柴田　それで、ふたりでバトルになったの。で、さらちゃんというバレリーナになりたい子に「さらちゃん、バレリーナ、バレリーナ、バレリーナって3回唱えたらバレリーナに

※りんごの木で毎日行っている子どもたちの対話の時間。

なれると思う?」って聞いたら「なれない」って言って、「どうやればなれると思う?」って言ったら、その子はまん中に出て練習を始めたわけ。「こうやって練習しなくちゃなれないよ」と。「ほら見なさい」って言ったんだけど、あゆちゃんは折れなかったわけですよ。「でもやっぱり強い思いがあるから!」って言って。そうやってふたりがワーワー言ってて、子どもたちはそれを見てたんだけどね。そしたら、ひとりの子が家に帰って、「きょうのミーティングは、愛子さんとあゆちゃんのケンカだったんだよ」って言ったんだって(笑)。

それで、そのお母さんが「何のケンカだったの?」って聞いたら、「流れ星に3回唱えると、夢がかなうかかなわないかっていうケンカだった」って。それで「あなたはどう思うの?」ってお母さんが聞いたら、「私はかなうと思う…」ってね。そんなミーティングだったんだけどね、そのときにあゆちゃんは「すっごく楽しかった!」って言ったんです(笑)。

あんな本気のミーティングは初めてだったって。あん

りんごの木

なにありったけ一生懸命叫んで、それでも譲らないわけだからさ。でも、すごくそのときに、しゃべったかいがあるっていうか、自分を吐き出せた爽やかさがあるっていうか…。

大豆生田　それは本気出して対話したからですよね（笑）。

柴田　でも、こういうことなのよ。**大人も同じ方向を向かなくちゃいけないんじゃなくて、自分のありったけを出すことで、そこに存在感が出てくる。**

大豆生田　りんごの木のミーティングを見ていておもしろいなと思うことのひとつが、大人が複数入るってことなんですよね。それが、圧倒的におもしろい。ときには大人がひとりじゃなくてふたりが話すことで、子どもがぐっと惹きつけられるってこともあるので、いろんな園でもやってみることをおすすめしたいです。**大人ふたりの意見の違いがあることで、子どもも自分らしく意見を言っていいんだって、自分の意見を言いやすくなりますよね。**しかもいまみたいに、大人が本気で議論してるモデルを見ることにもなるし。

柴田　複数いるといいですよね。

大豆生田　ミーティングの場に限ったことじゃなくて、大人が子どもの前でも対話することが保障される。つい、子どもを育てられる「お客さん」として保育しちゃうんだけど、それは主体的な生活じゃないですよね。保育者も主体的に生活する人だとすれば、子どもと同じようにそこで対話しちゃうことが大事で。

柴田　そう。それで多分ね、そういうのを見てると、子どももありったけを出したくなるのよね。

大豆生田　そうなんですよね。だから、もしも複数担任だったら、それをやればいいのになって。

柴田　そうね、そうね。

大豆生田　でもそのときに、ケンカに見えるほどの本気の対話を愛子さん相手にできるような関係性が、普通の園では確立されていない。その対話は多くの園ではなかなかできないんですよ。だから、大人同士が自分らしく対話できる関係を、職場風土としてどう作るかっていうのは、ものすごく重要なテーマですよね。

柴田　そうですよね〜。ミーティングでも大人が本気になっていないのって、わかるじゃないですか。それで子どもにばっかり要求してね。あるとき、ある人のミーティングを見ててね、「あなた、子どもに議論を促してるけど、本音言ってないよね。子どもをうまく回してるだけじゃない？　本気で自分の心を開かない限り、子どもも開かないわよ」って言ったら、「自分を開いたことがない、自分を開くのは怖い」って人がいたの。

大豆生田　だれに対して？　愛子さんにじゃなくて？

柴田　じゃなくて、子どもに心を開くのが怖いって。「じゃあ、子どもの本音は当分聞けないね」って言ったんだけどね。でも考えたら、いまの若い世代は、みんな比較的議論をしてきていないから、戦うっていうか、持論を押し通すっていうか、自分の意見を主張するっていうことに慣れてない。自分を開くのが怖いっていうのはありますよね。

大豆生田　一方で、対話がディベート的になったり、意見が違うとたんに「論破する」

になっちゃうことも多いんですよね。相手を言い負かさないと、自分の主張は通らない。
ぼくは「多声性」が大事だと思っていて。自分の言いたいことを言いながら、それが否定されるわけでもなくて、でも相手は「私は違うけどね」って言っていたりして、そこが行き交いながらも、結論は出なくても、なんとなく折り合っていく感じ。「論破」ではダメなんですよね。多様性を尊重した合意形成をめざしていくことが前提。

柴田　そうね。だから職場ではタテの人間関係を作らない。やっぱりね、上下関係とか強者弱者のタテ社会が染みついてるじゃないですか。だからすぐに、「上が、上が」っていう言葉を使う。そういう環境だと、やっぱり自分をオープンにはできないんですよね。

大豆生田　そうですよね。じつは保育現場ではまだ一部で「お茶くみ文化」があるんですよね。1年目の保育者は全員のお茶を淹《い》れるっていう。いまだったら、それってハラスメントなんじゃないのって思うようなこともあって。そういう上下関係を身につけさせる仕組みがもうすっかり根づいてしまっているんですよね。だいたい入ってもみんな5年で辞めちゃうような園でやってったりするんだけれども、その中で1年の差がものすごい力関係の差になっていて。

柴田　うわあ。

大豆生田　たった5年じゃん！　って思うんだけど。その先輩の威圧感がとても大きくなっていく。そこにはすごいヒエラルキーがあるのです。そういうのがこの業界にはまだまだあって。これ、おかしいですよね。

柴田　私ね、若いときに幼稚園を辞めて一度企業に就職したときに、初めて「お茶くみ」っていう役が来たわけよ。お茶くみっていうのはやったことがなくて、ワンフロアに50人ぐらいいたから50人分淹れたんですよね。それで、どこから配るのかしらって思ってね。そんなの、のどが渇いてる人からに決まっているじゃない！

大豆生田　ハハハ！（笑）

柴田　だから、電話をよく取ってる人とか接客してる人から配っていったの。そしたら最後が部長で、その部長が「ぼくが最後ですか？」っておっしゃったから、「そうなってしまいました」って言ったんですよ。すると部長がね、「こういうものは偉いもん順に配るんです」っておっしゃったんです。私、素直だからね、「世の中に偉いもん順っていうのがあるんですね」って

ね、それがヘンなこととは思わなかったの。次の日、「部長！　偉いもん順で一番です！」ってお茶を持ってたんだけどね（笑）。

大豆生田　ハハハ！（笑）

柴田　世の中はこうなのねって察することが私はできなかったから、そういうことになったんだけどね。でも、たかが小さな保育園、幼稚園の人間関係でもそれがあるわけね。

大豆生田　あるんですよね。だから不適切な保育問題で、経験がある人の声が大きいと、「抱っこばっかりしてると抱きぐせがつくからやめなさい」とか、「甘やかしになってどんどん育てにくくなるんだからやめなさい」と言われる。そうではないってことを、多分、下の人たちの中にはわかっている人もいるんだけど、力関係でそうせ

ざるを得ないというようなことが、おそらくあっちこっちで起こってるんだと思うんですよね。それはさっきの思考停止と関係して、考える必要はなく正解が決まっている。

柴田　あのね（笑）、私も昔、子どもを抱っこをしていたらそういうふうに言われてね、自分がやってたときには「そんなこと言ったって、抱っこしてほしいんだからしょうがないじゃない！」って思っていたの。ところが数年前ですよ、ほかのスタッフがやってるのを見て「あのねえ、毎日くり返しになるよ」って言っちゃったのよ！

大豆生田　アハハ！（笑）

柴田　でもそこは、りんごの木の保育者の偉いところですよ。「そうですね」って言って、平気で抱っこをしているのよね（笑）。

大豆生田　聞き流すことができる！

柴田　それから1週間経ったら子どもの様子も変わってね。「抱っこって言わなくなったね（笑）」ってね。

意識が変わらなければヘンな文化は更新し続ける!

柴田　そうだ、もうひとついいかしら。さっき、ICTをうまく使うっていう話が出てきたんだけど、そうでないこともやっぱり多いですよね。ある保育者さんに相談されたんですけど、彼女が勤めている園では、静かに待っててほしいときは必ず映像を見せるんだって。もうね、映像や音や、ああいう機械なしに保育は成立しないって言うのよ、彼女は。

大豆生田　映像ってなんなんですか?

柴田　ビデオを見せたり、YouTubeを見せたり。

大豆生田　YouTubeを見せるんだ!　いまどきそんなことやってるんですか!

柴田　ごはんの用意をするまで静かにしてほしいでしょう?　だからそのときにつけるんだって。それでごはんが運ばれるとそれを消すんだって!　「子どもが、消しちゃイヤ、見る」って言わないのって聞いたら、「はい、終わりです!」「ごはんです」ってね。もうベルトコンベヤーに載せられているみたいだって。彼女はそれがあんまりだって思って、静かに待っててほしいときに、紙芝居をやったりしてたそうなんだけど、「人手が足りない」「その間にオムツ替えができなくなるから」って言われて、「私は諦めました」って言うの。

私たちがつきあっている園とか、話を聞きに来てくれる人って、何というか、意識を高く持ってる人が多いのかなって思うのね。でも一方で、形は変わったとしてもヘンな文化はまだまだ残ってる。昔からあった「寝ないと暗いお部屋に入れちゃう」とかそのへんまでは、もしかしたら普通にあるかなとは思っているけど、それよりすごいのがあるんだって思って。ねえ。

大豆生田　ねえ。

柴田　その園はずっとそうなんだって。子どもを時間でどんどんどんどん流していく。いま保育の質がっていうけど、こんなに幅があるんだってびっくりしちゃった。

大豆生田　保育の質の話って、※厚労省の検討会のときも「保育の質の確保と向上」としているんです。そこで質をどうとらえるかと、それをどう評価するかがひとつの論点でした。ぼくらは、単にチェックリストでできるかできないかじゃなくて、「○○ちゃんはきょう、こんな思いだったかな」って**振り返りや対話をしながら、明日への展望を見いだしていくプロセスに、**

※保育所等における保育の質の確保・向上に関する検討会

質の確保と向上があると考えました。もうひとつの評価の考え方は、評価スケールなどの活用があります。これも今後さらに検討が必要ですが、大切な視点となります。最低限のことは確保することも考えなくてはなりません。

柴田　でもさ、最低限っていうと命を守ることしかなくなっちゃうじゃない。

大豆生田　もちろん、もう少し多様な視点から考えていくことになると思うんですけれどね。安全だけがって話にしてしまうと、全部が安全の話になっちゃうわけじゃないですか。

柴田　そうなのよねえ。だって、安心・安全でみんな大変よ？　**園や私たちの主体性はどこまで保障されるのかってね。**難しいですよね。

大豆生田　ですよね。

柴田　だから、**保育って一体何なのか、その根源的なところから、やっぱり考えないといけないですよね。**

大豆生田　はい。そうですよね。

Part1

ちょっと振り返り

mini review

Part 2

保育を理屈で考えていませんか？

これって主体性ですか？
これって主体性じゃないですか？

柴田　あのね、大豆生田さんに、ちょっと文句があるの。じつは、ひとつ人に聞かれたことがあってね。さっきおっしゃっていた共主体の本（『子どもが中心の「共主体」の保育へ』／小学館）を、いま読んでるんだけど…。最初、「主体性」って言われたときに、保育現場の人は、どうしていいかわからなかったじゃない？　というのは、子どものやりたいことを保障しなくちゃいけないっていうことに、割と短絡的になったじゃないですか。もうそこで、子どもたちに何て声をかけていいかわかんなくなっていったわけですよね。迷惑なことでもやっていることは主体的だから、迷惑だって言っちゃいけないのかっていうね。えらい不自然な発想でしょう？

大豆生田　そうですね、はい。

柴田　で、それをいちいち「これは主体性ですか」「これは主体性じゃないですか」って聞かれるわけよ。でも、**その子にとっては主体性だけど、あなたの主体性はどこ行っちゃったのよ、ってね。**そんなふうに「主体性」に迷って困っているところで、それをわかりやすくするために次に「共主体」って言葉が出てきたんだと思うんですよね。ところが！今度は「共主体って何ですか？」って聞かれるのよね（笑）。

大豆生田　はい（笑）。

柴田　**主体性っていうのは「個」を保障することではなく、群れの中で、「個」が生きるんだっていうことじゃないかと、私は思うんだけどね。**ところが「共主体」っていう言葉が出てきちゃったら、これまたどうしていいかわかんないのよ。

大豆生田　それはね、ぼくはなるべく具体的な例を挙げながら考えていくことが大事かなと思っていて。たとえば、「食べたくない」っていう子がいるとしますよね。不適切な保育の問題は、全部食べないと栄養が足りないし、「そもそも残すなんて！」っていうのがあるから、食べたくなくたって「食べさせねば」と無理やり食べさせてしまう。それは子どものことを尊重していないよねっていうことになる。

柴田　うんうん。

大豆生田　じゃあ、食べない子は食べなくていいのか？　となると、いやいや違うよね、だってこの子が1日元気に過ごしていくためには食べることが必要だし、健やかに育ってほしいというこちらの願いもあるから食べてほしい。だけど、無理やりは食べさせない。

柴田　うん。

大豆生田　たとえば、「じゃあさぁ、先生もピーマン嫌いだけど、こうやって食べたらすごくおいしかった。ちょっとやってみない？」とか、**あの手この手で探って対応していくわけで、こうすべきっていうやり方が形としてあるわけではないんですよね。**

柴田　その「探る」っていうのができないのよ、みんな。あの手この手ができないのよ。

主体性だって共主体だって何だってそうなんだけれど、おっしゃる方の意図をくんでやろうって頭で理解しようとするわけ。保育者もそれ以外の大人もみんなそう。頭で理解したものを行動にしようとするわけですよ。だけどケースバイケースとか、そういうあいまいな頭の使い方はできないんですよね。だから、こうやって「主体性」、次に「共主体」って言われると、「主体性って何ですか？　共主体の場合はどうしたらいいんですか？」ってなっちゃうのよね。これが学校教育のせいかどうかわかんないけど、頭で理解して納得することを、長くやりすぎた気がするの。だから自然体がわからない。

大豆生田　うん、そうですね。

柴田　「食べないの？　おいしいよ～？」とかね。実際は、子どもがいて私たちがいて、そのときは理屈より先に言葉が出るし、体が動くのよ。**頭を使っていないことが日常にはいっぱいあるのに、「保育」ってなると、頭を使って保育しようとしている。**だからつまりね、専門家が図に乗ってるって私は思うわけですよ（笑）。あのね、言いたい放題言っちゃっていい？

大豆生田　いいですよ。どうぞ（笑）。

柴田　たとえばね、発達理論っていうのを養成校で習うでしょう？　発達理論は、子どもを見て、統計を出して、一般的に「○歳では○○ができる」っていうのを示したものじゃないですか。保育者は、現場に出る前に発達理論を学んでくるわけよ。発達理論の物差しで子どもを見る、頭で子どもを見ることに慣れていくわけよね。そこには、すべてに「早い」「普通」「遅い」っていう評価が出てくるじゃないですか。そういう物差しで子どもを測るっていうことが、もう習慣づいてるっていうかね。

それと、この間、あるところで、「怒る」と「叱る」について専門家の話をうかがう機会があったんです。私は「大丈夫、叱っても子どもは壊れないから！」って言っちゃう人なんだけどね、その先生の説明はとっても丁寧でとってもわかりやすいの。私が感情でワーッて言っちゃうようなことを、彼はとっても丁寧に、「怒る」と「叱る」は違うと。「怒る」は感情をぶつけるだけだけど、同じ現象でも、「叱る」っていうのはただの感情の爆発とは違う、中にメッセージが含まれているんだってお話をされたのね。なるほどなとは思うのよ。

大豆生田　確かに、大人が感情的に怒ることの子どもへのリスクは高く、冷静に叱ることが大切なのは、その先生がおっしゃる通りだと思います。その一方で、慌ただしい毎日の子育ての中では、そのように大人が「怒る」と「叱る」を冷静に分けられない現実もあると思います。だって、ぼく自身が子育ての中では、そうでしたから。

柴田　そうよね。だれだって、ときには感情で怒っちゃうのよね。人間って感情の動物だからね（笑）。「何やってんの！」っていうときにね、これはメッセージが含まれているかいないかなんてだれも考えないじゃない。

大豆生田　そう、考えない。

柴田　同じ専門家でもいろいろな考えの方がいらっしゃると思うけれども、専門家にそう言われると、分析し始めるわけよ、自分を。

大豆生田　分析し始めると苦しくなりますよね。これは保育よりも、子育てで考えたほうがわかりやすいかもしれない。「私」も人として生きてるんだから、イライラしてワーッてなっちゃう。そしてそれを否定されちゃうと、「私」そのものが否定される感じになる。だからぼくは、「怒る」と「叱る」っていうものをいちいち分けて考えるのはやめましょう、と思っています。「私、怒っちゃった。子どもはどうだったかな？」とか、「でも、私の思いは、こうだったんだよな」って。でも、ちょっと感情的になりすぎかなって、自分を反省的に振り返ることも必要。暴走するタイプの人もいますから。それでいいような気がするんですよね。

柴田　うんうん。

大豆生田　**理屈の話を理屈として、全部子どもとかかわるときに当てはめていくと、どうしたって不自然じゃないですか。そこは私でなくなっちゃう。**

柴田　そうなのよね。大体感情って爆発するのよ。爆発してから静まるのよね。「何やってんの！」って言ってから、「ちょっと言いすぎちゃったな」とかね。ケンカだってそうじゃないですか。ぶつかり合うけど、**ぶつかり合って感情が収まると思考が始まって、「でも、あの人にはあの人の言い分があったんじゃないか」とか、あれこれ考えて、それで関係性を修復しようという道をたどるじゃない？　私は、それが人間を信じることのような気がするんですよね。**感情でぶつかっても大丈夫だよって、そのあと、修正できる関係ができているでしょって。だから保育の生活だって、保育者と子どもとがいつも群れていて、怒ったり怒られたり、泣いたり泣かれたりっていうことがある中で、そういうふうに分析してしまうっていうのは、どうなのかって。

たとえば、「主体性」もそうなんだけど、頭から入って、これは主体性かどうかの仕分けをしようとする。次に「共主体」って出てくると「え⁉　共主体って、どうすればいいんですか」ってなってしまっている。「自己肯定感」もそうだったけど、新しい言葉に反応して、みんな、それを「理解しよう」と思って読んでいるんだよね。

大豆生田　ぼくらは、現場のリアリティーから離れないようにしながら、普遍性を探りつつ、抽象化つまり言葉化することが、研究の作業かなと思っていて。それは仕分けることとイコールではないと思ってるんです。現実は簡単に「怒る」と「叱る」に分けられないっていうふうに思っている。さっきの発達のことでも、いま発達の考え方はあまり「年齢ごとに」とはなっていません。保育指針でも「発達段階」ではなく「過程」としてとらえています。最近では、研究だとか理論だとかでも、現場のリアリティーにどう迫るかっていうことを大事にしてきていて、単に仕分けることを優先にはしていないんですよ。

柴田　そういう時代に来てるの？　でもね、学生さんに「これ、学校で教えてほしくなかった」「そうしたら、私はもっとまっすぐに、子どもを見れた」って言った人がいたのよね。

大豆生田　学生さんは現場に出ていない分、そこは顕著ですよね。だから、ぼくは大学の授業では、ほぼ理屈からは入らないんです。たとえば2年生の「幼児理解と教育相談」という授業をやっていますけど、全部、具体的なことからしかやらない。子どものエピソードを話し合い、学生さんと盛り上がって、「こうだよね」「いやこうじゃない？」と対話が広がったときに、「これが、主体性を大事にするってことなのかな」っていうふうにつけ加える程度なんです。

発達障がいの話も、ぼくは障がい名のことからは入らない。でも、もうすでに学生さんはほかで習っているから、「それ※1ADHDの話ですよね」となる。だから「ごめん、1回それ忘れてもらっていい？　この子がなんでいま困っているか、ADHDって名前をつけたからわかるかって、そんなことないよね」って。だって、名前がついてもつかなくても、一人ひとりみんな違うんだから。その子の「いま、ここ」を考える必要がある。「ADHDの子って言ったけど、それって私とは関係ないって見てない？　つまり分けていない？　衝動的になっちゃったり、落ち着かなくなったり、すぐ忘れ物をしたり…それって私にもあるんだけど、あなたにもない？　1回そうやって、分けて考えたり、抽象化してみるのはやめない？」って。**食べない子がいるっていうことにしても、じゃあなんで食べないのかなって、みんなで一緒に考えていくことをやるんです。「わたくしごと」として考えてみると、そこで見えてくるものがあるかなって思っていて。**

柴田　生命誌を研究している※2中村桂子さんが、上から目線じゃなくて「中から目線」っていう言葉を使ってるけど、まさにそういうことですよね。

大豆生田　そうです。「なってみる」「その子になって」理解するわかり方なんです。だか

※1　注意欠陥・多動障がいのこと。発達障がいのひとつ。

※2　JT生命誌研究館名誉館長。理学博士。

らいまので言うと、「発達障がいの○○ちゃん」というふうに、理屈や分けることから入るんではなくて、あるいは名前をつけないで、「私もそういうの、わかる」というところから考えていこうと。

柴田　でもちょっとタンマ！

大豆生田　はい。

柴田　大学というところで、まだ現場に出ていない学生さんにそう言ったって、わかんないじゃない？

大豆生田　そう。だから「わたくしごと」なんですよ。そういうふうに、みんなの場にいるとじっとしてるのがつらくなるとか、不特定多数の人たちがいる場がすごく苦手とか、そういうのがイヤになる気持ちみたいなことを、子どものことではなく、「私のこと」として考えてみると、こんなにも落ちるんだって実感します。

柴田　いいこと考えた！

大豆生田　はい、どうぞ。

柴田　だから養成課程は、半分は勉強で、半分はもう現場に入っちゃうっていうのが一番わかりやすいんじゃない？

大豆生田　それはとても大切な考え方で、そういう養成課程の議論もなされています。どちらにしてもやっぱり「私」（一人称）が大切なんですよ。私が自由になることが大事で、そういう意味でもぼくは、「幼児理解」は子どもを対象化して理解しようとするばかりには思わないほうがいいと思っていて。「教育相談」の部分もそう。教育相談は親の相談にどう乗るかっていう話なんだけど、親がなぜ苦しんでいるかの話を、まずは自分のこととして、学生さんたちは考えるんです。自分が結婚したときはどうかとか、自分のお母さんやお父さんはどんな気持ちだろうかとか、自分がいまつきあっている子は私の気持ちをわかってくれるだろうかって。じつはこれってすごく大事。この子を理解しようとか、この子のお母さんを理解しようとすることも大事なんだけれども、必ずしも現場に入ることだけではなくっ

て、私のこととしてちゃんと考える機会もとても大事だと思っています。

柴田　18歳以上になっていても、原点のところからたどり直すってことでしょう？

大豆生田　おっしゃる通りです。

柴田　それだと、保育現場に入るまでに間に合わないんじゃない？

大豆生田　でもしょうがない。「自分が出せない」「自分はほかの人みたいにできてないのかもしれない」っていう思いを多くの学生さんたちが抱えています。そうやって育ってきた子たちが、自由になるっていうことがすごく大事で。コロナ禍明けの4年生にゼミの卒論は自分の好きなテーマでいいんだよって言ったら、「好きなことって何ですか？」って言うんです。大学に4年間いて、自分のテーマを選べない。わくわくすることがわからない。だからぼく、いま学生さんとの向き合い方は、ほぼ幼児にかかわるときと同じスタンスです。

柴田　そうですかぁ～。

「ねば」「べき」にがんじがらめの頭はおしゃべりでもみほぐす！

大豆生田　学生さんもそうだけど、保育者のみなさんも、自分の中でものすごく自分を拘束している。「ねば」と「べき」にがんじがらめなんですよね。だから、この共主体の本を「わたくしごと」として読めていないんですよ。「こうせねばならない」となってしまう。そこに問題があるわけですよね。

柴田　そうなのよ。だから**教科書を読むように頭で理解しようとして、それで日常の保育に生かそうと思っちゃうわけよね。でも自分は不在なのよ、またこれが。**

大豆生田　うん、そうなってしまうと思います。ぼくのスタンスとしては、さっきも言ったように、具体的なことからみなさんと考えたいわけですよ。だけど、どこがポイントかを押さえておかないといけないわけで、そこで「こういうことが大事じゃなかった？」っていうところを、この本には抽象化して書いてあるんですよね。だけど当然、**抽象的なことだけを現場に持ち込もうとしても無理で、そうするとやっぱり目の前にある具体的な事例に沿って、悩んだことを対話していくしかない、おしゃべりするしかないんだと思うんです。**○○先生が「もう主体性って言葉は使うべきではない」って言ったから使うべきではないのよ、ではダメなんですよね。それは三人称的で、一人称（私ごと）ではない。やはり、理論と私の目の前の具体を、しっかり問いを持って対話させてほしいと思います。

柴田　頭で理解して行動するということに慣れてきちゃった人たちを、そうじゃなくて体ごとわかっていこうよっていうふうにするためには、やっぱりこれ、園内研修レベルですよね。

大豆生田　そうですそうです。園内研修というとすごく高度な感じがしちゃうんだけど、「○○ちゃんの話」をちゃんとおしゃべりしたらいいんだと思うんですよ。「○○ちゃん、すぐに手を出しちゃうのはなんでかなぁ」っていう。こうかもよ？　ああかもよ？　っていうおしゃべりをやってほしいという話なんです。

柴田　そうなんだよね。「噛んじゃうのはダメ」「人のものを取っちゃダメ」。みんな、イエス、ノーははっきりしてるのよ。でも、そこで「どうしてやっちゃったんだろうね」っていうところが抜けていて、「え、そんなこと、考えなくちゃいけないんですか？」みたいな話になっていますよね。

大豆生田　「私もイライラすると夫に感情ぶつけちゃうんだよな。○○ちゃんが手を出しちゃうときって、そんな気持ちなのかな」みたいなこと、みなさんも多分あると思うんですよね。保育になると自分のことと離して考えちゃうから不自然になってくるんだけど…。

柴田　そうそうそう！　そうなのよね。

大豆生田　私のこととして考えたときには、自分と違うことやほかの考えをなかなか受け入れにくいこともあるんだけれども。「でも、こういう考え方もない？」「やっぱりそうかぁ」みたいなことも含めて。

柴田　たとえば、養成校を4年間で卒業して、資格・免許を手にして、それで保育をスタートさせていくわけでしょう？　「自分のこととしてどう感じるか？」って考える機会を重ねて、ほぼ自分のことを取り戻して中から見えるようになっていけば、子どものことも見えるようになっていく？

大豆生田　あのね、もうひとつ大事なのは、「でも、あなたのそこ、いいよね」ってちゃ

RA

んと受容される関係がないと、子どものことも、ほかの考え方もなかなか入れていきにくいのかなって、学生さんを見ていて思っているんです。りんごの木では、親たちも含めて受容されるように愛子さんがしてくださってますよね。学生も子どもも保護者も、みんな同じだと思うんですけど、「私のことをわかってもらえた」と思えたときに、自分とは違う考え方も受け入れてみようってなるんだと思うんです。逆にそうではない人に、「なんであんなふうに叱るの？」って責められたって、すぐには受け入れられない。

柴田　なるほどね。あのね、りんごの木には「とことん週間」というのがあるじゃない。何日か前に見学に来た人がね、「とことん週間は、自分が好きなことをして遊んでいると、できるようになるんですか？」とか、「どうしてこの時期（2月）にやるんですか？」とか、いろいろ聞いてきたんです。「だって、子どもを見てたらわからない？」って言ったんだけど。気候がいい時期のほうがいいに決まってるんだけど、子どもが「明日もまたやりたい」って遊びが連続してくるのが3学期のこの時期で、続きがしたいって言ってるんだから、続きをやらせればいいんじゃない？　っていうことなんだけど。子どもを見てからの発想っていうのが本当に苦手になっているんだなと思ったのと、それを伝えるって難しいなと思ったんです。

もうひとつね、最近ある園の園内研修で「保育を見てください」って言われて。その保育者がミーティングをやったんですよね。

大豆生田　はいはい。

柴田　そのあと私、黙ってられないからね、「ヘタ！」ってね（笑）。「あのさ、あのときに対話のチャンスはこんなにいっぱいあったよ。あなたは〝言えることだけ〟の評価をしてるから、ひとりの子がミーティングで何かを言えると、パチパチパチって拍手で終止符を打って対話をぶった切ってるよね、何これ」って、バンバン言っちゃったんだけどね。そしたらその人が、「こんなにはっきり言われたことは初めてです」って。でも、その人は自分から名乗り出て熱意があるし、次の日の保育を見たら、やっぱりいい園なんですよ。とっても子どもたちの遊びが豊かだったの。だから、そこはほめて、「ヘン」なところは何に対して「ヘン」なのか、その意識づけをどう持っていくかっていうところよね。

大豆生田　ぼくは両面あると思ってるんです。いまの話の人は自分で手を挙げて、**もう一歩踏み込んで知りたいっていう基盤がある人だから、「ここダメだよね」がきちんと入って、その次に行けるんですよね。まずは心の安全基地ができているかどうかなんだけど、それがない人も多いとぼくは思っていて、**人に保育を見せる自信がない、評価されちゃうのはイヤっていう人の場合は、やっぱり「あそこよかったよ」とほめるほうが、また次もこうしてみようっていう意欲が出てくると思うんです。

柴田　それって**子どもとまったく同じね。基盤があれば子どもはチャレンジするし、「これまずいんじゃない？」って声もちゃんと届いていくし。その基盤があるかないか、ですよね。**

大豆生田　はい。**こども家庭庁の「幼児期までのこどもの育ちに係る基本的なビジョン（は**

じめの１００か月の育ちビジョン）」で、乳幼児期の育ちは、その安心と挑戦のサイクルだって出したんですけれど、これは別に乳幼児期だけじゃなくて、人は、安心があるから挑戦ができるっていうことなんですよね。

柴田　そうなのよね。

大豆生田　一方で、「いいね」を大事にすることだけを強調しちゃうと、いわゆる批判的思考、クリティカルシンキングってやつですけれども、「こういうふうにも考えられない？」という返しにはやっぱり弱くなりやすい。安全基地、安心感ができてきたら次の一歩として、「ちょっとこういうことにもチャレンジしてみない？」とか「こういうこと考えてるんだけど、どう？」みたいに緩やかに段階を踏んでいくといいのかもしれない。

柴田　そうですねえ。

大豆生田　はい。

「保育」の下地を気持ちよく崩されていった話

柴田　私、いま話しながら、自分のことを思っていたんだけどね。りんごの木を始めたときに、子どもが知りたいと思ったから、私はプログラムを作らないって思ったんですよね。だから、言い方を悪くすると、子どもとやりたい放題だったわけ。子どもが知りたいから、子どものやりたいことをやって。ひとりで保育をしてたから、もう楽しいったらありゃしない！（笑）。子どもに振り回されながら、あっち行ったりこっち行ったりしてね。そのころ※1中川ひろたかさんちの子どもがりんごの木に来ていて、保育士として中川さんもときどき保育に入っていて。そのときに彼が「愛子さんの保育いいね」って言ってくれてね。私は子どもが知りたくてやってるから、保育としていいかどうかっていう発想はなかった。そして、その次にやってきたのは※2新沢としひこくんだったわけ。新沢くんは保育現場から来たから、きっと何かケチをつける。これは保育じゃないってきっと言うと思ってね、私はおどおどしてたの。

大豆生田　そうなんですか、へえ！　す～ごい意外な話（笑）。

柴田　意外な話かもしれないけど、そうなのよ。一般的な保育からしたら、私のやっていることはやっぱり外れてる。私は子どもを知りたいから、子どものやりたい放題を保障し

※1　りんごの木設立メンバーのひとり。絵本作家。シンガーソングライター。作曲家としても数多くの作品を手がけ

※2　シンガーソングライター。作詞家としても数多くの作品を手がける。

て、危険じゃない限りはいいやと思ってつきあってるわけだけど、一般的な保育園や幼稚園に勤めた人が相棒になったら、「この保育は何ですか」って絶対言うと思ったわけよね。それですごく緊張していたんですけど、まったくそうではないタイプの人だったものだから（笑）。

大豆生田　ハハハ（笑）。

柴田　でも、外れているとは思いながらも、私は保育者として、保育には意図が必要ってすごく思っていて。たとえば、2・3歳の子と絵を描くときにはまず紙を広げてね、カラーペンで「テテテテ」って言いながら「これは点なのね～」って描いていって。点をどんどん増やしていって「火事になってきちゃったのね～！」なんて言いながら描いていると、子どもたちがわーっとやって来て、「ここも火事になっちゃったよ！」なんて楽しく盛り上がってね。子どものできること、やりたくなるような誘い水を…ということを、子どもと楽しく遊びながらも思っていたわけよね、それが保育の役割と思って。そしたらね、少し離れたところで新沢くんは、ひとりで大きな紙にとくとくと絵を描いているわけよ、立派な絵を！

「あの人は何をしてるんだろう？　一緒に保育している相棒のはずなのに…」って思ったの。そうしたらはるくんっていう子が立っていって、新沢くんの紙にガーってカラーペンで描いてめちゃめちゃにしたわけ。「ほらね」って私は思ったわよ（笑）。「こっちはみんなで楽しくやっているのに、ひとりで立派な絵を描いて!!」って、はるくんはそういうつもりだったかなと思ったの。

大豆生田　はい（笑）。

柴田　「どうしてあのとき、彼はああいう絵を描いていたんだろう」って思ったけど、新沢くんもりんごの木に来てまだ日が浅かったから、その場では言わずに3日考えたのよね。でも私、わかんなかった。それで聞いたの。「あの絵を描いていた意図はなんですか？」って。そしたら彼、「え!? 何も考えてません…」って言ってさ～！「何それ、何も考えてないって、あれはただ自分で楽しんでいただけなの？」「そうです」ってね。「私は3日も考えたんだからね、言い訳ぐらいしてほしい」って言ったんだけど、「すみません…」って。

そんなことの連続だったんだけど、そのときに思ったのは、子どもにとって私は保育者でありすぎるのかもしれないってことなんです。子どもを知りたくてやりたい放題していながらも、やっぱり「保育」という下地がずっとあるのね。それはいけないとは思ってないんだけれど。自分たちのできるちょっと上のことを提供する私は、子どもにとって日常の人なのよ。ところが、子どもたちが手の届かないようなことをやる新沢としひこはヒーローになっていくわけよ！ ずるくない？（笑）

大豆生田　ハハハ！（笑）

柴田　子どもたちには「とし兄、絵うまいね！」とか言われちゃってね。「あなたさ、同じ保育者やってるんだから、ちょっとは子どもの世話だってやってほしい」とか言ってたんだけど（笑）。**やっぱり複数でやる場合って、役割があるんだなとは思ったんです。**そ

うやって「保育」という下地を崩されていった。そのときは、いわゆる型見本がなかったんですよね。中川さんも新沢くんも**「愛子さんの保育、おもしろいね。きょう、どうします?」ってわくわくしてくれて、そうすると、どんどんどん自分が出てきて、**「雨だからって遠足やめるのはイヤだよね」とか、**もう自分勝手の集合体になっていったときに、すごくおもしろくなってたのよね。**

だから、りんごの木がこんなふうにいまの保育にたどり着いたのは、やっぱり最初の彼らの自由さが安心感になってたと思う。もし、新沢くんが来たときに「保育園ではこうやるんですよ」「これはダメですよ」って言われていたら、こうはならなかったもしれないなと思うんです。どこか、やっぱり評価を気にするというか、人の目を気にするんだよね。

大豆生田　なんかその話を聞くと、保育っていうのは「ある型」が先にあるんじゃなくって、そこにいろんな子たちがいて、いろんな大人たちがいて、「どうする？　私はこうしたいけど」「私はこれがいい」「私はそんなこと言われたら困るんですけど」みたいな**違いを認めつつ、折り合いながら、「もっとこうしたら楽しいよね」ということが起こっていく、**

作っていく営みだとすると、おそらくそういうことを「共主体」って言うんですよね（笑）。

柴田　そうですよね。

理屈を捨てて体ごとわかっていくということ

大豆生田　ちょっと話を戻すと、ぼくらは単に「共主体」をしましょうって言ってるわけじゃなくって、でも結果的に子どもだけが主体でいるわけでもないよねって。「そうか、そういうのがあなたの主体だったりするのね」っていうことがいろいろ入り乱れながら、対話をしていくしかないねっていう話なんです。つまり、「どうする？」をなくしちゃうとダメなんですよね。

柴田　そうよねえ。

大豆生田　「こうあるべき」が強いと、それは共主体じゃないんですよ。共主体の保育とはどういう保育ですか？　じゃなくって、それぞれの良さみたいなのをどうやって生かしてくかっていうのを、作るプロセスそのものなんですよね。

柴田　だから私は「共主体」の本は読んでておもしろかったですよ。だけど、これを買って頭で理解して保育しようとしてる人が、共主体はどうしたらいいんですかって聞いてくるものだから。また新しい言葉を作っちゃって!! と思ったりしたんですけどね（笑）。

大豆生田　すみません（笑）。この共主体の概念って、OECDのいうコ・エージェンシーから来ているものです。エージェンシーってよりよい未来の創造に向けた変革を起こす主体的な態度のこと。その子どものエージェンシーは多様な周囲の人やコミュニティーとの協働的な関係性の中にあるという意味です。それを保育に置き換えたときに、もう少しわかりやすい言葉にできないかとなって、無藤隆先生（白梅学園大学名誉教授）が「共主体」がいいんじゃないかって言ってくださって。でも、ここで伝えたかったのは、共主体を学んでくださいっていうわけじゃなくって、**現場の魅力的な営みって、結果的に一人ひとりのよさが尊重され、協働的なあり方を模索してる感じだよねっていうことでもあるんです。**

柴田　ただね、子どもの主体だけじゃなくて、私たちも主体的にその群れの中にいるって言うと、今度は「じゃあ、子どもがやってることが私にとって不快だった場合は、やめてって言っていいわけですか？」ってなっちゃうんですよね。すごい薄いっていうか平らっていうか、ノウハウがなさすぎるっていうか。それは、やっぱり長くこういう教育を受けてきた人たちに欠けてる思考なんですよね、きっと。

大豆生田　さっき愛子さんは「体ごとわかっていく」って言ったけれど、じつは身体性の復権だとぼくも思っていて。「〇〇ちゃんはこんなこと言っている。でも、私はもうちょっとこうしたほうがいいと思う」っていうことを、もっと自分の中に取り込んで考えて、人と共有しながら、それは苦しいんだけど、そこから関係を作っていくしかなくて。いまは

※ OECD（経済協力開発機構）の「OECD ラーニング・コンパス（学びの羅針盤）」の中心的な概念。

そういう機会がなくなりすぎちゃったんだと思うんですよね。

柴田　そうよねえ。

大豆生田　**子育ては群れでなされてきたもの。「共同養育」なわけで、その群れ、遊びの中で異年齢の人たちが当たり前のようにいて、**ちょっと上のお兄ちゃんお姉ちゃんがちっちゃな赤ちゃん抱いたりしながら、「どうやったらこの子、泣きやむかねえ」みたいに、探りながらやってきたし、もっとこうしたほうがいいよって教えてくれる、もうちょっと先輩がいたりしながら、**そうやって体で、しかも関係の中で学んできた。**でもいまは、そうではなくて、インターネットの情報が頼りだったりする。さっきの「怒る」か「叱る」かみたいなことも、ネットでは、もう見事に「感情的に怒るのはNG。冷静に叱りましょう」とある。「そんなふうにできるか！」と。

柴田　できない、できない！

大豆生田　特にネットなんかはそうなんだけど、どっちかどっちに、できるだけシンプルに正解を作りたがるんですよね。「便利な」子育て本もいっぱい出て、ネットの記事を含めてあらゆることをNGかGOODかみたいな二者択一にしすぎちゃった。でも、実際はそうじゃなくって、じつはその揺れの中に大事なことがある。

柴田　そうだよね。

大豆生田　だから、頭で一見わかったふうになっちゃうんだけど、体がついていかないわけですよね。怒っちゃう体があるわけだから。

柴田　どうしてここまで「正しい親」とか「正しい保育者」にならなければと思っちゃうんだろうね。その「ねば」「べき」だらけですよね。

大豆生田　経験は少なく、情報過多にして、なるべく効率的にやろうっていうふうに社会全体がなってきているんですよね。子育てなんかは無駄だらけで効率的なはずがないのに、この社会が経済優先、効率化優先にしてきて、そのツケが全部出てる。子育てはどうしても手間がかかるし、効率的にはいかないいんです。

柴田　そうですよね。でも、その効率が悪くて無駄だらけっていうのは、もしかして、ご自身の子育ての体験から？

大豆生田　そうですよ、いまだに子育ては終わってないので（笑）。だれかのつらいこともよくわかるようになっちゃいましたね。

柴田　そうなんですよね。だから、子育てとか保育で「子どもって思うようにいかないんだ」っていうことを、みんな早くにわかってほしいって思うんだけど…。

大豆生田　簡単にはわからないですよね。ぼくだって、簡単には落ちないわけですから。やっぱりすべては揺らぎの中にあって、なかなかうまくいかないなみたいなことも持ちこたえながらやっていくのが、子育てなのかもしれないと思ったりします。一喜一憂しながら、でもまあいいか、何かいいこと起こるかもね、大丈夫だよってちょっと肩をポンポンとしてくれる人がいれば「ちょっとやってみますね」となるんです。

柴田　いいあんばいとか、いい加減でね。

大豆生田　そういう意味でいうと、この共主体の話を、愛子さんがちょっと批判的におっしゃってくださってありがたいと思って話をしているんですよ。

柴田　だからみんな、頭を崩して考えてみたり、対話ができるといいけどね。

自分の中を耕せば理屈はあとから入ってくる

柴田　ちょっと思い出しちゃったから言っていい？　この間、新幹線に乗ったのね。私は3人掛けの窓側の席を取ったんですよ、3人掛けだと真ん中が空席になる確率が高いと思って、いつもそうするわけ。それで、品川から乗ったら新横浜で4歳の男の子を連れたお母さんが、大きなトランクを持って乗ってきて、私の隣にすわったの。男の子のほうは通路側なわけ。

そしたらその子がね、「ここじゃない、ここじゃない」って言うの。「ここじゃないよ、ここじゃないよ」って、声がどんどん泣き声になっていってね。で、お母さんが、「ここです、あなたの席はここです」って言うのね。切符を出して、「ほら、14列のCのシートで、ここなのよ」って説得しようとするわけ。でも子どもはどんどん泣き始めるわけよね。しょうがない、私は窓側だからさ、「電車、好きなの？」って声をかけたの。電車が好きな子が通路側で満足するわけないじゃない。で、「どこに替わりたいのよ？」って言ったら、知らないおばさんに声をかけられて固まっちゃったんだけど、「あのさぁ、替わってあげようか」って言ったら急にパッと顔を上げて、いい顔になっちゃうのよ（笑）。

窓側の席にすわったら、その子はずっと窓の外を見ながらしゃべってるの、電車好きだからね。そのとき、お母さんはシュンとしてね、「すみません。自分の子どもでありながら、子どもの気持ちがわからなくて…」っておっしゃったの。私は「そんなもんですよ」ってね。

大豆生田　日本一のアドバイザーに会っちゃいましたね（笑）。

柴田　それでね、「子どもは、窓側がよかったんですね」ってお母さんが言うのね。「そうそう、だってこっち（通路側）はイヤだってことは、そういうことじゃない？」って言ったら

「今度から私、ちゃんと窓側の席を取ることにします」って言ったの。大阪の実家に帰るところで、持っていたお菓子をくれるって言うから、実家にちゃんと持っていきなさいって言ったんだけど。私からしたら、こんなの当たり前と思うじゃない。子どもが「ここじゃない」って言っているのは納得できないからなのよね、自分の気持ちとして。でも、親はわからないから、それを説得して我慢してすわらせようとしちゃう。だから、こういうおせっかいなおばさんがいたり、「好きなのよ、窓が」って言える関係性があれば、「べき」がちょっと崩れていくんだろうなと思うの。

大豆生田　いまは、周囲の人たちがそれをしにくい社会にもなっちゃったっていうのがあるんですよね。

柴田　そうなのよねえ。

大豆生田　そういうふうに声をかけたら、むしろ迷惑になるんじゃないか、っていう気兼ねもあるし、言ってみたらみたで、「あ、結構です」みたいに言われちゃって、せっかく言ったのに…ということも多いですよね。あと、それとは逆に、「権利ですから。私も外を見たいからこのシートを買っているんで、すわる権利がありますから」「お金を払っているんで」という社会の風潮ももう一方ではある。

柴田　でもどうして、そんなケチな人間ばっかりになっちゃったんだろう？

大豆生田　ね。だからこれが、経済効率性ばっかりを優先してサービス化市場原理をずっとやってきた国の成果ですよね。こんなにみんなが息苦しくなっちゃう「ねば」「べき」

にあふれて。

柴田　そうだよねぇ。この間、子育て支援で、ある自治体の施設に行ったんだけどね。そこは多国籍の人たちが集まってくるんですよ。あるとき、1歳の子が、ほかの子の持ってるおもちゃが欲しくて、その子をバンって押したんだって。そうしたらやられた子の親が欧米人だったらしいんだけど、「暴力だ」となって、訴える訴えないになっちゃってね。そこの施設長が間に入ろうとしたら、「あなたには関係ない。これはこの子の親と私の問題だ」と。こんなふうになっていったら、子育てもどんどんどんどん、怖くなっちゃうよねえ。

大豆生田　アメリカなどでは何事も裁判に持っていくというのは前から知られていたけれど、だんだん日本もそうなってきましたよね。

柴田　そうですね。

大豆生田　日本は、何ていうかな、**周囲に声をかけたり小さい子に声をかけたり、それがお互いさまというのが当たり前にあった。外から入ってきた文化の中で、失ってきたものの大きさはありますよね。**

柴田　それで楽になったわけじゃないじゃない？　**昔はよかったっていう話ではなくて、昔のそのよかったところを取り戻していかなくちゃいけないですよね。**

大豆生田　そうですよね。一方で、日本人らしさが、なおさら息苦しくさせている部分もあって。欧米人と比べると日本人は主張の仕方が下手で、「あなたの責任ですよね」みた

いには表立ってはなかなかできない。欧米は言葉に出さないと駄目な文化だけど、私たちは言葉に出さないじゃないですか。

柴田　同じようなことは、保育現場の保育者同士の人間関係でもあるよね。

大豆生田　どよーんとした空気で、みんなが黙るっていう感じ、ありますよね。学生さんも同じですよ。原理はすべて同じです。

柴田　それでみんなが楽じゃないし、自分の本音をしまっておいて、くすぶり始めて発酵しちゃったりするわけじゃない？　ちょいちょいと出せばいいのにね。

大豆生田　出せないですよね。でも、じつは学生さん、ものすごい変わるんです。いま2年生の半期なんですけど、授業だけで本当に変わりますよ。

柴田　あ、そう？

大豆生田　もちろん簡単ではないです。だってもう20年ぐらい生きてきてるんですから。だけど、それぞれ「その考えよかったよね」「すごく素敵にできたよね」とほめられたり、受け入れられたり、授業の中でも「そういう子はこういうときに困ってるんだ。私と同じだ」っていうことを体験していくことで、どんどん明るくなっていくし、声を出すようになっていく。**子どもに大事な権利は大人にも当然大事で、そうすると、職場でも少しファシリテートしていく存在が必要。みんなが「いや、そうではなくて、今度はこうしましょうよ」と言い合いながらいろんな人の良さを発揮できるようなチームをどう作るか**っていうことと、まったく同じじゃないかなと思ってるんです。

柴田　そうか、なるほどね。そうすると学生さんにしても4年間かかっちゃうわけじゃなくて、最初のうちに自分の中を耕していけば、そこから伸びていくっていうわけね。

大豆生田　大学の授業で週1回計15回やるだけですから限界がありますし、それだけでも成果はあるけど、またもとにも戻ります。だけど、何度でも出会えば何度でも変われる。ゼミ生なんかは一番変わりやすいですよね。2年間毎週あるわけですから。とすると、職場ではさらに変わりやすいかもしれない。

柴田　考えたら、みんな自分で「よしっ」って思いたいし、保育に情熱を持ちたいしっていうのはあるわけだからね。

大豆生田　体がついていかないのに言葉だけ入れても、そこにはちぐはぐさが残るっていうことなのかなと。まさに体ありき、関係ありきなんですよね。**人とつながることや、「そうなんだ、こういうことが楽しいんだ」っていうことを体験したときに、**「そ

うか、こういう原理なんだ。次にこうするともっといいんだ」という**知的な理屈がすっと入ってくるんじゃないかなと思いますね。**

柴田　そうだよね。**子どもってちゃんと正直にそうやってるよ。**「おもしろそう！」から始まって、うまくいかないなあ、どうすればいいかなあって。先に心を持ってかれて、そこに体がついていって、そしてどうだこうだどうだこうだやってって、「こうすればよかったんだよ～」ってなるじゃない？　**子どもの道筋は、やっぱり人が学ぶ道筋なんだね。**

大豆生田　はい。だからぼくは、乳幼児期の保育ってこんなに素敵なんだっていうことが広く伝わること自体が、社会を変えるって本気で思っています。**どんなことが社会で大事にされればいいのかっていうのは、**やっぱり**子どもの世界や保育の世界に、その原点があるって思いますね。**

柴田　そうだよね。

Part2

ちょっと振り返り

mini review

Part 3

「保育力」って どうしたら磨かれていくの？

りんごの木式保育者の「育ち方」!?

柴田　2023年のりんごの木のセミナーで、「ミーティングをしてみませんか？」という講座をやって、私と、まつも、あゆちゃん、あずちゃんという3人のりんごの木の保育者でしゃべったんです。それを見たある専門学校の先生が、「こうやって（人材を）育てるんですね」って。

大豆生田　そんなこと考えてもいないでしょ？（笑）

柴田　方向を1本にしないっていう感じはあるのよ。「ミーティングはこうやって、こうやってやろうね」というふうには言わないわけよね。そうすると、それぞれがてんでんばらばらなことを言うわけですよ。でも、てんでんばらばらだけど自分を結構磨いてるわけよね。それを見て、「こうやって人材を育てていくんですね。とても勉強になりました」っていう人がいてね、ああ、そうなんだぁって。

大豆生田　そのミーティングでは、具体的にはどんなことを話したんです？

柴田　あのね、ミーティングについてのミーティングだったのね。あゆちゃんは「ミーティングが楽しいのは子どもたちを仲間と思えるから」って言ってね。そこで私は「たとえば、威張りすぎてる子がいたときに、その威張っている子をミーティングのテーマにするかしないか」っていうことを問いかけたの。そしたらあゆちゃんは、「いや、それはすぐにはテーマにはしない。その子がどう動くかもわかんないし…」って。私はね、「あら、あなた忍耐強いわね、私はダメだわ！」って。

大豆生田　ハハハ（笑）。

柴田　私は、「あなた威張りすぎじゃない？　みんなそれでイヤな思いしてない？」ってすぐに言っちゃうな」って。「私は、自分が無意識にやっていることを認識化することが大事だと思ってるから、待っちゃいられない」って話をしたの。それから、最近、子どもたちが「冒険」という言葉をイメージできなくなってるという話になってね。

大豆生田　「冒険」ね！

柴田　そう、「探検」はまだわかるんだけどね。ちょっと前の世代だと、何が起こるかわからないけどわくわくするとか、未知の世界に踏み込む冒険心ってみんな持っていた。でも、大人も子どももそうだと思うんだけど、最近は、安心・安全ばかりになってしまって、先に何があるかわからないところに踏み出さなくなっているんじゃないかって。そのことは以前から保育者の共通理解だったの。なんだかそういうことにわくわくしなくなってるよねって。

大豆生田　そうですよね。

柴田　昔ね、保育中に5歳児ふたりがいなくなっちゃって、大騒ぎしたことがあるんですよ。じつは勝手に家に帰っていて、「何やってたのよ」って聞いたら、その子たちが「冒険!」ってね。あるときは、散歩先から勝手にりんごの木に帰ってきちゃった子たちがいて、川がある場所だったから、ここにいるとわかって保育者がすごく怒って帰ってきてね。「川に流されたらと思って、私はどんなに心配したか!!」って泣いて怒ったんです。怒られている最中は、そのふたりは縮こまっていてね。怒られるのが終わってから、私がこそっと、「怒られちゃったね」って言ったら、その子たちが「冒険だった」って言ったのね。「でもさ、あんなに怒られるんだったら、やらなければよかった?」って聞いたら首を横に振ってね(笑)。まわりで怒られてるのを見てた子にも「あなたたちはどう?」って聞いたら、そっちは「あんなに怒られるならやりたくない」って言っていたけど(笑)。

昔は、そんなことがあったの。ところが、この近年は、とんとその冒険という言葉がなくなってきたと。「だからそういうことにわくわくするとか、知らないことにチャレンジするっていうのはすごく大事なことだと思う」ってあずちゃんが言ったのね。それで、あるとき「冒険しよう」っていうテーマでミーティングをしたら、子どもがはてなマークだったわけ。子どもたちにはなじみのない言葉で、乗ってこなかった。

保育者たちで「冒険のイメージがないんだから、ここは本や何かの手を借りてはどう?※1『エルマーのぼうけん』とか※2『おしいれのぼうけん』とか…」という話になって、あずちゃんがその本を読むところからスタートしたのね。そうしたらだんだんイメージが湧いてきたわけよ。『エルマーのぼうけん』の見返しに島の地図があるじゃない? みんなでその地図を持って「きょうは冒険に行く!」って出かけたわけ。川和町(横浜市

※1『エルマーのぼうけん』ルース・スタイルス・ガネット/作 ルース・クリスマン・ガネット/絵 わたなべ しげお/訳(福音館書店)

※2『おしいれのぼうけん』ふるた たるひ、たばた せいいち/作(童心社)

都筑区）よ？　川和町！（笑）

大豆生田　へえ！（笑）

柴田　この地図と川和町ってえらい違うから、どうなのよって思っていたんだけど。あずちゃんに聞いたらね、「それがね、重なるんですよ！」って。子どもが歩きながら、「この橋がこの橋だよね」「ここの家がこれだよね」って言って、景色は全然違うのに、ちゃんとその冒険を楽しんできたっていう話になって。「ああそうかあ」って。やっぱり子どもの環境の中に文化的な素材、よい素材があることって大事だよねっていう話を、そのセミナーではしているんですけどね。

そのセミナーのときに、あずちゃんがね、「今年の私のテーマは」って言ったんですよ。「え、テーマあるの？」って聞いたら「あります」って言うの。そしたら、あゆちゃんも「私もありますって」て言うのよ。りんごの木はカリキュラムを共通で持っていないから、「え、そうなの？　みんな偉いね、自分でテーマを決めて保育してるわけ？」ってびっくりしたんだけどね（笑）。そんなふうに、一人ひとりが育っていく。

大豆生田　なるほど、そのプロセスをその場でやったわけですね。聞いている側からすると、そのやり取りはおもしろいですよ。保育の経験には関係なく、自分が思っていることを自由に言って、それが必ずしも折り合うわけじゃないけれど、それぞれが「そうだよね」って言いながら、何か見いだしていくプロセスというか。

話し合いとか対話って「合意していく」とか、「みんなでひとつのものを決める」こと

が大事であるかのように思われていて、もちろんそういう側面もあるんだけど。そのミーティングでは、それぞれが言いたいこと言っているのに何となく響き合っていて、「じゃあ私はこうするわ」って、それぞれが勝手に自分の「次」を見いだしていくっていう感じですよね。

柴田　そうなのそうなの。

大豆生田　本当はそれがすごく健全。一人ひとりのあり方が、自分は自分らしく、でもほかの人のいい話を聞きながら触発されて、「自分はこうだ」というのを言っている。「私とは違うわ」って愛子さんが言うわけだけど、それに対して、「でも、私はこうなんだよ」って言えるのがすごくいいですよね。

柴田　だからこっちも臆せず言いたいことが言えるのよね。

大豆生田　そうなんですよね。

大人のセンスが問われる遊びのタネの拾い方＆育て方

柴田　それでね、「冒険」を、絵本からイメージできたことで、もうひとつ発見があったんです。そのころ、ひとりの子が持ってきた深海魚のおもちゃから遊びが広がっていったことがあって、子どもたちの遊びの原点が、最近は市販されているものとか、キャラクターとかになっていると。無から有を生み出すんじゃなくって、外から持ってきた、商品化されたものなんかがタネになってごっこ遊びに広がっていくのは、どうなんだろうねって、そのときにもみんなでしゃべってたのね。

今回、『エルマーのぼうけん』で遊びが広がっていったときにね、ふっと気がついたのよ。あの子たちはエルマーの冒険を知らなかったから、深海魚だったんじゃない？　やっぱりタネっているのよって。いまの暮らしをしている中では、子どもたちが共有しやすいのがアニメだったり、商品化されたものだったりする。**何もないところからイメージを共有するのはすごく難しいけど、深海魚のおもちゃ1個あることで共通性が見いだせて、**そこから深海魚の水族館を作ろうっていう話になってくる。今回、**私たちが本を使って「冒険」を視覚的にした**

ことで、この子たちは冒険を楽しめたんだから、なんか子どもがやっていることと私たちがやってることって同じですねって。

大豆生田　そうですよねぇ。

柴田　「もう発見だわ！　同じじゃーん！」って、そこがそれぞれの性格なんだけど、私は明るく受け止めたの。ところが肝心の火をつけたあずちゃんは、そのあと話があるって言って泣いてきて、「私のやったことは無意味だったんでしょうか」って言うんですよ。「私はあんなふうに絵本を使ったけれど、子どもの遊びをそのまま見て、そこを伸ばしていけばいいことだったんだろうか」って。

「あなた、何言ってるの。そういう

ことじゃないよ」ってね。子どもの遊びが豊かになっていくためには、やっぱり視覚的なものとか、タネが必要だっていうことがわかったじゃんって。そのタネは子どもに任せておくと市販のおもちゃになるけど、私たちに任せると、もっと豊かなものになりますよ、って。「これが保育環境なんじゃないの？　だから保育環境って、質のいいタネをいっぱい出すことだと思う」って言ったら、「じゃあ、私のやったことは否定しなくていいんですね」って言うから「いいんですよ。楽しくいきましょう」って。

大豆生田　この間、りんごの木の保育を見せていただいたときも、岡本太郎さんの※タローマン（TAROMAN）が遊びのタネになっていましたよね。**場合によっては子どもが家庭環境の中から遊びの題材を持ってくることだってあるわけで。**あの子たちがおもしろがっている岡本太郎の世界だったり、アートするようなことを**受け止めている大人がいるから、そこから遊びが豊かになる。**タネは子どもから拾うっていうことも大事だったりするし、そこからまた違うタネをまくってこともあり得るわけですね。テレビで見ているようなヒーローの戦いごっこしかタネがなければ、それしか彼らの文化はないわけで。

柴田　そうそう。だから、そのタネをどう膨らますかってっていうところが、子どもの群れの質と、保育者の見守り方とか援助の仕方っていうのかしら、そこにかかってくる。膨らませるような刺激を作れるかどうかですよね。

大豆生田　そこのタネをどう大事にするかって、すごく大人のセンスが問われるところもありますよね。

※「TAROMAN 岡本太郎式特撮活劇」。2022年7月にNHK Eテレで放送された特撮テレビドラマ。

柴田　そうねえ。

大豆生田　ヒーローの戦いごっこをぼくは否定はしていないんだけど、子ども主体だからといってそれしか出てこないのは、やっぱり違うタネが入らないからじゃないかって。本当はもっと、文化的、社会的、科学的、アート的なタネが入ることも必要だと思っているんです。たとえば、ある園で子どもたちがたまたま見ていた絵本の中から「ミカン風呂がおもしろい」という話になって遊びが展開していった※事例がありました。

柴田　ああ！　はいはい。

大豆生田　ミカン風呂がおもしろいっていう子どもたちの声を、保育者が「これはおもしろいタネだ」と拾った事例でした。子どもの声をスルーしようと思えばできちゃった話なんだけど、その保育者は、「おもしろい」「明日の保育はミカンでつなげたい」と。こういうタネをどう拾っていくかだったりするのかなと思うんです。まず子どもたちの中にタネはあって、そのタネを拾って、どう返していくかっていうところに保育の豊かさってあるのかなと、すごく考えますね。

柴田　そのときに子どもは家にミカンの皮を持って帰ったんだけど、親がミカンの皮を捨てちゃって家でミカン風呂をやらなかった子がいたじゃない？　それでやらなかった子のフォローも、保育者が「足湯っていうのがある」って言って、園でやったんですよね。ああいうのがね、やっぱり保育力だと思うの。

大豆生田　ですよね。「ミカン風呂おもしろい！」「やってみたい」となって、でもそのこ

※あさひ第二保育園（群馬・安中市）の事例

とがかなわない子がいたときにどうするか。「足湯なら園でもできるかも」って、あのフォローはいいですよね。完全に先生のアイデアでした。

柴田　そうそう。そうですよね。あれ、もとは絵本でしたよね。

大豆生田　そうですそうです。題材はどこにでも広がっているし、それをおもしろがっている子どもの姿や声は本当はあちこちにあるはずで、そのとらえ方の違いが保育の違いにものすごく出てくるんですよね。

子ども主体のとらえ方も、いまは戦いごっこが好きだから、その主体性を尊重してるのって言い方もできるんだけど、同じ戦いごっこから、「タローマンの話、おもしろくってさ、岡本太郎のことを調べに、みんなで美術館に行こうよ」っていう拾い方もできる。そこがまさに、「タネを拾う」なんですよね。

柴田　そうですよね。

柔軟な思考を引き出したシャクトリムシの話

柴田　深海魚のおもちゃが流行《はや》るちょっと前に、化石を探すっていうのが流行ったんです。トンカチで石を割ると化石が出てくるんだって言って、みんなトンカチ持ってね。私、石ってそんなに割れると思っていなかったんだけど、結構割れるのね。トンカチは危険物っていう認識が特に保育現場ではあるけれど、そのトンカチがあちこちに転がっててね（笑）。それにどんどんどんどんはまったら、「石ってたたきすぎると、粉になるんだよ！」って発見するのよね。そこで私がうれしかったのはね、春休みにその子の親たちが、子どもたちを博物館に連れていったんですよね〜。なんかさ、**子どもから触発されて大人も興味を持ち始めるって、いいよねって思って。**

大豆生田　いいですよね。たとえば、ひとりから始まったことでも、自分がおもしろいと思っていることを、ちゃんとまわりもおもしろがってくれるってところがいいんですよね。大人も「おもしろい」って思うし、ほかの子たちも一緒に「おもしろいじゃん」って。文化がその子だけじゃなくて、まわりにも広がっていく感じですよね。

柴田　そうなんですよね。

大豆生田　それともうひとつ、りんごの木がいいなと思うのは、簡単に図鑑とか出さないじゃないですか。

柴田　ハハハ（笑）。そうね。

大豆生田　もちろん出すのが悪いわけじゃないし、ぼくが取り上げる事例でも図鑑や絵本を使うことが多いんだけど、定番のようにそれをしていくことで、方向性を決めてしまうことってあると思うんです。

柴田　そうよね。何かに興味を持つと、もっと知りたいっていう欲が出てくるじゃないですか。その「もっと知りたい」の知りたいは、それをちぎることだったり、においをかぐことだったり、五感を使っての「知りたい」。大体それを乗り越えてくるころに「図鑑っていうのがあるんだ」ということになっていくと思うのね。だから**その子の欲求がもっと普遍的な知識につながりたいときに図鑑というのは役に立つけれど、興味を持ったあたりから図鑑を与えてしまうと、**知識ばっかりが増えてしまって、**バランスが悪くなるんですよね。**

大豆生田　身体性や五感とはちょっとずれてきますし、興味を広げた先のタネを膨らませるときに図鑑はわかりやすい手段なんですけど、子どものニーズとはずれていることも多いんですよね。

柴田　そうなんですよね。前にね、子ど

もが「シャクトリムシをつかまえてきたから、みんなで飼おう」って言い出したのね。ケースに棒を入れて、そこにシャクトリムシを入れてね。そうしたら、「生きてるんだから、何か食べさせなきゃいけない」ってことになったわけ。最初はお水をあげたんだけど、シャクトリムシは何を食べるんだろうとなったときに、「こんなに小さいんだから離乳食がいい」って言った子がいてね、「だから離乳食を用意しよう」って言う子もいたりね（笑）。

大豆生田　おもしろいですねえ（笑）。

柴田　「細かく切ればなんだっていいんだ」「葉っぱがいいんじゃない？」とか、いろんな意見が出てきたんだけど、どれもあんまりよく食べなかった。そこで今度は「バナナがいいんじゃないか」ってなって、バナナを入れたんですよ。すると、バナナの上でシャクトリムシが動いているわけ。それを見て子どもたちが、「ほら、喜んでるよ！　喜んでる！やっぱバナナ食べるんだよ！」って。じつはバナナにくっついて進めなくなっていて、それで間もなく死んじゃったんだけどね（笑）。いま私は笑っちゃうけど、子どもは「え、バナナ、好きじゃなかったのかな…」ってね。

先に知識があると、どうすればいいのかはわかるけれど、**わからないからわくわくして、いろんな考えが出てくるじゃない？**　シャクトリムシさんにはごめんなさいになっちゃうけど、**柔軟な思考とか、柔軟な心の豊かさって、そういうふうに手間ひまかけて吸収していくもんなんじゃないかなと思うんですよね。**

大豆生田　そうなんですよねえ。

Part3

ちょっと振り返り

mini review

Part 4

大人も子どもも デコボコでいいじゃない！

できたりできなかったりのデコボコを大事にする文化へ

柴田 Part3で図鑑の話が出てきたけれどね、3歳ぐらいから知識欲のある子もいますよね。で、そういう子って否定されがちじゃない？

大豆生田 そうなんですよね。

柴田 3歳で時計が読める子がいたの、文字も読める。

大豆生田 記号が好きな子、いますよね。好きでどんどん覚えちゃう。

柴田 そう。お母さんは「こういう子がいいと思っているわけじゃないんですけど、うちの子、こういうのばっかり興味を持っちゃうんですよ」ってね。それで同じ3歳児に会ったときに、その子がびっくり仰天するわけよ。数字も文字もわからない子たちばっかりで。そこで彼は、逆方向から体得していったのよね。知識が先にあって、それで知識欲が未発達な子たちと一緒に遊ぶことによって、遅ればせながら、五感を使って知ることなんかを獲得していったのね。

その子は「とことん週間」のときに「ラーメン屋さんをやりたい」って言って、やったんですよ。ラーメン屋さんに話を聞きに行って、だしの取り方を教えてもらって。それで1週間の最後にラーメン屋さんをするということになったの。お父さんお母さんに声をかけて、大きな鍋にスープ沸かして、そこまで時間がないから麺は買ったのね。で、その子は店長になったんですけど、知的なレベルが高いからいろんな采配が上手！
それで、私も列に並んでラーメンをいただいたの。ところが私にはチャーシューが1枚だったの！　前の人のを見たら2枚あるのよ？「あのー、私のチャーシュー、1枚なんですけど」って言ったらね、店員の子が「大変、失礼いたしました！」って言って、店長を連れてきたわけ。

大豆生田　ハハハ！（笑）

柴田　その店長が「大変、申し訳ありませんでした」ってチャーシューを2枚持ってきたんだけど、その本気度がすごかったんですよ。そんな場面で、やっぱり彼の仕切りは必要だったのよね。その子、東大にストレートで入って、いまは大学生なんですけどね。

大豆生田　へえ〜！

柴田　同期の卒業生が「彼のインスタ、見た？」って言うから見てみたら、「ぼくは小学校、中学校、高校といろんな人と出会って育ててもらってきました。でも一番学んだのは、幼稚園であるりんごの木です」ってあってね。「うれしい？」って聞くから「うれしい!!」って言ったんですけどね。

なんだろう。だから子どもってデコボコしててよくて、彼のように早くから知識欲があると否定されがちだけれど、ただ順序が不同になっただけなんですよね。それから、学者肌の子っているじゃない。でも学者肌の子が子どもっぽくないのかっていうと、そういう

いきものつくし
ものつくし
いきものつくし
ものつくし

ことじゃないのよね。その子の興味・関心がそっち方向から伸びましたっていうだけ。それで、この**「群れ」というのは違う方向から来ているわからんちんがいっぱいいることで、ともに育っていくっていうことだよね。**

大豆生田　そうですよね。ほかの子と比べて、**あることができたりできなかったりする子って、群れから外れたりしがちなんだけれど、じつは群れの中では、その子のよさってちゃんと生かされていくんですよね。**さっきの子の場合も、ちゃんと全体が見える子だからそういう役割を任される。多分、大人がそういうことを大事にしたいっていう文化がそこにあって、それを子どもが見ているんじゃないかと思っていて。園の中でそれが大事にされているから、「この役やってよ」みたいなことがちゃんと成立する。集団の中で自分の持っているよさが役割として発揮できるって、すごく自信につながりますよね。

柴田　そうなのよね。それぞれが無理をしてないっていうか、そりゃいろんな憧れもあるし、育ちたいって気持ちはもちろんあるんだけど、なんていうかな、同じになろうとはしないっていうことが、もうわかっている。

ミーティングの話（70・71ページ）の中にもあったけど、すごい威張っている子がいたの。でも、ミーティングのときに私が「どうして大きい声で怒鳴るわけ？」って言ったら、その子が青ざめたんですよ。その顔を見たときに「あ、無意識だったんだ！」って私が気づくの。すると子どもたちもね、「あ、いじわるで威張ってるわけじゃないんだ」「ああなっちゃうんだ！」ってことを承知するわけね。

大豆生田　ああ。

柴田　そしたらその子の扱い方がみんなも違ってきたし、その子自身も、怖がられてるんだっていう自覚をしたらね、怒鳴りたくなると、「ハアー」って深呼吸するようになったんです。それを見たときにはもうね、泣けちゃったんだけど…。みんなが同じようにっていうことではなく、みんながそれぞれの特徴を見せ合うというのかな。

大豆生田　やっぱり、**その子の持っているものを肯定的に受け止めることが、群れの中でもお互いに大事にしあうことにつながるんですよね。**

柴田　そうねそうね。

大豆生田　ある園で育って卒園した1年生たちが、その園の3歳児のお手伝いに来るっていう場面を見たんです。3歳児の担任はその小学生たちとの接点は一切なくて、この1年生たちを知らないんだけど、「きょう来てくれたお兄さんたちお姉さんたちに、ひと言ずつあいさつしてもらいましょう」っていうことになったら、1年生の中でひとり黙っていた子がいて。そうしたら、隣の女の子が「この子はそういうの、苦手なの。だけどこの子はこういう気持ちなの」って話を代弁してて、ちょっと感動しちゃったんですよね。

柴田　本当だねえ！

大豆生田　それはその園が大事にしてきた文化なんですよ。デコボコな子がいるけれども、そういうことがちゃんと大事にされてきた。その子たちが1年生になって園に戻ってきてお兄さんお姉さん役をやったときにも、みんなの前でしゃべるのが苦手な子には、ちゃんと代弁してくれるだれかがいる。

柴田　うんうん。

大豆生田　いままでの教育や保育って、そのデコボコをならしていくとか、みんなと同じようにできるってことを大事にしてきたけど、本当はいろんな子のデコボコを、ちゃんと大事にしてあげるということが必要なんだと思いますよね。

柴田　そうよね。あのね、**否定からは何も生まれないと思うよね。肯定からしか、何かは生まれない。相手のことも肯定的に受け止めるから次が生まれるわけで、否定からは何も育ってはいかないと私は思ってるんだけど。**でも一般的には保育の現場も親も、否定から修正しようとするじゃない。なにあれ？

大豆生田　ねえ、そうなんですよね。保育の現場には多いですよ。たとえば「10の姿」※の使い方。いま、この子たちは10の中でこれが足りない、これをもっと育てなきゃだめだって、「ないところ」を探すことに使われることがあります。そういう見方もあるかもしれないけれど、そこから見ると、その子をネガティブに見る見方になってしまいますよね。

柴田　そうですよね。

大豆生田　**だから、「ある」から始めませんかね、って。**

柴田　そうなのよね。欠点を長所に変えようとする。何でもそうよ。食べ物の好き嫌いだってそうだけど、嫌いなものも食べないと許されないとかね。それって日本の文化にあるのかしら。好きなことばっかりやってちゃいけないとか、好きなものばっかり食べてちゃい

※幼児期の終わりまでに育ってほしい姿。「健康な心と体」「自立心」「協同性」「道徳性・規範意識の芽生え」「社会生活との関わり」「思考力の芽生え」「自然との関わり・生命尊重」「数量や図形、標識や文字などへの関心・感覚」「言葉による伝え合い」「豊かな感性と表現」（保育所保育指針／幼保連携型認定こども園教育・保育要領／幼稚園教育要領）

けないとか、好きなことばっかりやったらバランスが取れないとか。楽しいとか、好きっていうことに対してあんまり肯定的じゃないですよね。

大豆生田　そうですね。

柴田　たとえば、みんなで絵本を読んでいて、ひとりウロウロしてる子がいると、あの子をどうすればここにすわらせられるかっていうことに必死になるじゃない。ウロウロしててもいいんじゃないの？　とは思えないんですよね、なかなか。

大豆生田　そうですよね。日本の文化なんですかね。集団に合わせなきゃいけないって文化はありますよね。空気を読む文化もそうですけれども、同じようにとか、外れないようにとか、和を尊ぶというところがつながっている感じはしますよね。でも、やっぱり子どもに対する専門職の人たちは、子ども一人ひとりがみんな違うんだし、その違いの中によさがあるんだってことを大事にしていきたいですよね。

その違いは、足りないことではなく、その子のよさを見ていくことのほうが大切で。人って好きなことを一生懸命とか夢中になってやると、そこからそのよさが広がっていくじゃないですか。電車が好きな子だったら、電車の絵を描いてみたり、電車のことをもっと知りたくなって、図鑑で調べてみたり。

柴田　そうそう、人に聞くとかね。

大豆生田　好きなことをおもしろいって言ってくれる人がいることで、その人と気持ちを一緒にすることもある。たとえば、だれかと一緒にやるのが苦手だったり、絵を描くのが

苦手かもしれないけど、電車が好きだっていうことが大事にされることで、電車から図鑑や絵本が好きになり、同じ電車好きの子と友達になったり、電車が走る地名や地理に興味を持ったりして、結果的に世界を大きく広げていったりするんです。しかもそれは、自己肯定感にもつながります。

柴田　そうですよね。幼児教育とか日本の教育の中で、そういう一人ひとりの感性とか、主張を大事にしようよって言い始めたのってごく近年ですよね。

大豆生田　そうですよね、はい。

柴田　だから、まだみんな戸惑ってるのよね。

大豆生田　そうだと思いますよね。

柴田　**でも人間ってさ、年中、雨降って氷が降っていたら、静まっちゃうわよね。反対に、温かいまなざしで見られて伸びていかない子っていなくって。**

大豆生田　本当にそうで。やっぱり自分がやりたいことが満たされるとか、自分の存在が肯定されるから、その子のよいものがよりよく出てくるんだと思うんですよね。

「一人ひとり違う」を知る しょうもない雑談のこと

柴田　あのね、Ｐａｒｔ１で思考停止、感情停止しちゃうっていう話が出てきたんだけど。それができちゃうってことは、ある意味自分を持ってないってことなのかしら？

大豆生田　自分を持っていても、その組織がさせてないってことがありますよね。それが、関係論的なモノの見方です。だって、上が正解を決めちゃってたら、自分を出すのはばからしいじゃないですか。そこには、言ってはいけない雰囲気がある。本来、保育者さんたちはみんな自分を持っているんだけど、知らず知らずのうちに組織に適応していくから、思考停止になっていくと思うんですよね。

柴田　そこに適応しようと思うからいけないわけだよね。

大豆生田　普通はしちゃうんですよ（笑）。

柴田　だって、私が私であることに納得したいなら、その思考停止、感情停止をして毎日通うって苦しいことじゃない。

大豆生田　だからみんな、若い人たちも苦しいんですよ。空気を読んで、自分をいかに出さないようにしようとしているからなんですよね。この雰囲気をどう変えていくか。ぼくだったらゼミの中では、少なくともそのコミュニティーを変えたいわけです。ちょっと声を出してくれる子の発言をちゃんと大事にするとか。声を出すことが大事にされたら「よかったね」って言ってもらうことが増えていって、**ちょっとずつみんなが声を出していいんだと思えるようになるとか。そういうふうにちょっとずつ「私」を回復していく。**そんなことを大学生にもしてあげないと、自分を出すことができないんですよね。その場の関係性が変わっていくということです。

柴田　その「私を回復する」っていうのはね、子どものミーティングの最初の雑談っていうのと似ているんですよね。だから、保育者もやっぱり雑談が必要なんだと思うんですよ。職員会議とかスタッフミーティングになると、急に温度が変わるじゃない？　そうじゃなくて、たとえば、りんごの木で保育の話をしようっていうときにはね、しょうもない雑談をするんです。「私さ、ネバネバしたもの、あんまり好きじゃないんだよね。納豆は納豆だけで食べるの。でもね、パンとかごはんに混ぜるのは、あれ、きったないわ〜。おいしいのかしら?」って言うとね、「いや、あれはおいしいんですよ」っていう人がいるじゃない。こういう雑談ってすごく大事で、そうすると、雑談の中で一人ひとり、こんなに違うんだって

気がつくのよ。

この間は「朝、何食べてくる？」っていう話題でね。「私は、パンにハムとチーズをはさんで食べてくる」っていう人がいたから、「あなた、ハムとチーズはさんだの、好きなの？」って聞くと「好きってわけじゃなくて、早いのよ」「あ、そうなの〜」。そうすると、「私はごはんのほうが早いと思うのよ」とか、いろんな話が出てきてね、「夫はジャムを塗る」とか「私はパンで夫はごはん」とか、その雑談の中でいろんな背景が見えてくるわけですよ。「え？　みんな、おはようございます、いただきますって言ってごはん食べてこないの？」って言ったら、そんな人、ひとりもいなかったのよ！「え〜、そうなの？　日本の食文化が壊れてる！」って私は言ってたんですけどね（笑）。**一人ひとりがどんなに違う**

生活をしてるかが見えてくると、案外、みんな同じにしようっていう発想はなくなるのよね。そういうことが必要かなと思うんです。

大豆生田　まさにそうですよね。

柴田　あるときは、子どもがゴミ収集車ごっこをやっているときに収集車に本を投げるのがイヤだってあずちゃんが言ってね。そうしたら「ゴミ収集ごっこなんておもしろいことをやってるんだから、いいんじゃない？」って言う人がいたわけ。「え〜、そうだけど私はなんかイヤな気がする」って言うのは、あずちゃんが本が好きだからなのね。そこで、「そういえば、あなたのうちの本はきちっとなってるの？」って聞いたら、「きちっとなってる」って言うの。どうやら、その生活スタイルが保育にも関係しているってことがわかっていくわけよ。聞いていくと、12人いたうちの10人があまり整理されていない家の中で暮らしていてね、本を投げるのはイヤだって言ったふたりは、階段に物なんか置かない、きちんとした家に住んでいたの。そこで「なるほど、そういうわけだったのね」でおしまいなのよね、これが。

本を投げるのがイヤだっていう人がいるから、本を投げるのをやめましょうっていうルールは作らないのよ。よりきちんとした、より真面目な、よりベストっぽいものにルールを持っていったら、そう思っていない人が苦しくなるじゃない。だからそれは「一人ひとり違うんだわね」で終わっちゃうの。そうしたら翌日、本を投げるのはイヤだって言った人たちが、ちゃんと本棚の配置を変えてた。ここの部屋に置けば、子どもたちが本を投げない、ってね。これが思考停止してないってことだと思うの。一人ひとりが違うとか、一人ひとりがそれぞれ、自分が不快じゃない工夫をしていくとか、それを掘り起こすときは子どものミーティングと似ているんだけど。もしかしたら一番の原点って、「あなたの暮らしを教えて」「あなたはどんな暮らししてるの」「何食べてんの？」「どんなことが好きなの？」って、そんなことなのかなあって。

大豆生田　そうですね。さっきの朝ごはんの話もそうですけど、話題が基本的に「食」を介しているところはすごく大事だと思っていて。面と向かっては聞きにくいことでも、食を介するとなんかしゃべっちゃう。子どもと一緒に食べるときにいつも思うんだけど、ともに食べるという場では、子どもってぽそってなにか言うじゃないですか。

柴田　あ、そうね！

大豆生田　大人もそうで、**やっぱり食べる場って、ちょっと肩の力が抜ける感じの中で自分の生活感みたいなものが出てくるというのかな。お茶を飲むでもいいんですけど、その感じって大事だなって思うんですよね。**「共食」の意味って、そんなところにもあるのではないでしょうか。子どももそうだし、大人同士もそう。

この間、ある園の園内研修に行ったときに、「〝これはどうあるべきか〟っていう現実の問題を直で話し合うとうまくいかないけれど、**どうでもいい話題で〝どっちがいい？〟みたいな議論をお茶しながらすると、意外と楽しく盛り上がれる。**みんなが自分の意見を言っていいし、なんかわくわくするし、議論の手応えもあって、**それを経験すると、だんだ**

ん、"そうやって園の中のことも話そうか"っていうところに持っていきやすくなる」って園長が話していて、なるほどなと。いまの話がすごくつながってきました。

柴田　あのね、もうひとつ。私、子どものときはカレーライスのカレーがごはんにつくとイヤだったんですよね。いまは大丈夫なのよ。でね、私はそれを一生懸命に分けて食べてるのにさ、隣の子がぐちゃぐちゃってさぁ。

大豆生田　やりますよね（笑）。

柴田　「きったな〜い!!」って言ったら、その子が「なんでだよ、こうしたら絶対おいしいんだよ。やってみ！」ってね。「私、一生やらないから」って言ったんだけど（笑）。これは大人になっても同じで、子どもともそうなのよ。子どもとも「違う！　私の好きなのはこれじゃない」っていうことが言い合えるっていうね。そういう言い合いができないで飾ったところだけの会話を一気にハードルの高い議論に持っていこうとするから無理になるんだよね。

大豆生田　園の中の上下関係を超えるような対話の場も、食を介して話してみるとか、そういうティータイムや雑談みたいな場から始めるのもひとつの手ですよね。

柴田　そうですね。だって「上が、上が」っていうセリフ、多いもん。

大豆生田　それもひとつの思考停止の構造を作っていると思っているので。

柴田　そうねえ。

「みんな一緒」が根づいた世代が自分のよさを出すためには…

柴田 「出る杭は打たれるけど、出すぎた杭は打たれなくなるから出すぎなさい」ってね。だって、**我慢して思考停止してるうちに自分が見えなくなっちゃう、そんな気がしない？**

大豆生田 学生さんは苦しそうですね。出ちゃったら終わりです。だれもフォローしてくれないから。入学時には自分を出せていた子でも、どんどん自分を出さなくなっていく。

柴田 あ、そう。

大豆生田 **やっぱり組織では、その空気の中で生きざるを得ない。だけど自分をもともと持っていれば、場の雰囲気次第でそのよさを出せるはずなんです。だから、そういう場を作ってあげないといけないですよね。**みんな、根づいているものがすごいから。

柴田 一体、いつから根づき始めているの!?

大豆生田 いやあ、もう小学校時代から、早い子は幼児期から家庭からずっとですよね。だってそうじゃないですか。ケンカにしたって「ほかの子には手を出しちゃダメ」「人のものを取っちゃダメ」「ごめんなさいって言いなさい」「貸してって言われたら、どうぞって言いなさい」と、その場の空気に合わせろってことを言われ続けている。正解は先生が常に持っていて、それに合わせなさい、空気に応えなさいっていうのをずっーと積み重ねてきた。

柴田　そうすると、学生さんならもう18年は経ってるわけだもんね。18年のうちの10年ぐらいはそんなとこになってるんだね。

大豆生田　そう。最近はさらに深刻で。少し話は違うんですけど、森に学生を連れていったときに感じたのは、もうコロナ前と後、学生さんが別人！　もちろん、学生さんは入れ替わっているんですけどね。まず、アフターコロナはほとんどの子が虫が嫌い。ぼくの車に乗せたら、虫よけのにおいがものすごい！　ぼく、くしゃみが止まらなくなりました（笑）。そして、案の定、森に入ったら固まる固まる。わくわくどころじゃない。さっきの冒険の話に戻りますけど、冒険は生まれない。つまり、虫はもう自分たちからは遠ざかってしまったもので、全然なじみがないんです。ハチをつかまえてケースに入れて「この音、聞いてみて」って渡しても、怖くてだれも聞けない。

柴田　でもケースに入ってるんでしょう？

大豆生田　そうです。だけど、羽音に弱い。ましてや、ハチって聞いてるから。「耳に直接当てて！」って言うんだけど、みんな当てられない。

柴田　あらあ…。

大豆生田　だから森が楽しくない。でも、彼らはなぜか水は好きなんですね。そこは体を使ってチャレンジしようとして、渓谷には早く行くんです。ところが流れが速いからその先にみんな出ていかない。だれかが一歩水の中に踏み出して「わーっ！」って言い出せば、みんななんとなくイヤだけどやってみようかなという気持ちになってくる。だから、ぼくがここは、少し〝背中を押す〟んです。「行ってみない？」「スマホ持っててあげるから、大丈夫よ〜」って。

柴田　そんなにやさしく？（笑）

大豆生田　やさしくないと一歩踏み出せませんから。「よかったね〜」って学生さんが渓谷を乗り越えるところの写真を全部撮って、「見て、いいね！」って（笑）。

柴田　アハハ（笑）。ねえ、自然界に対しての興味がないのかしら？

大豆生田　写真を撮るのは大好きですし、インスタに載せるのは好き。だけれども、自分が直接触れる自然は、自分たちが思ってるような自然ではないんですよ。未知の世界。怖いんですよ。だから冒険は行われないんですよね。

柴田　なるほどねえ。

大豆生田　ぐちゃぐちゃドロドロベタベタブンブン…。それとお友達じゃなくなってるんですよね。だからぼく

は意図的にやるんですけど、森の草の中に疲れたふりをしてゴローンとなって休んでいると、みんなびっくりするわけですよ。葉っぱの中に寝転がっちゃった！　って。考えられないんでしょうね。多くがそういう反応ですよ。

柴田　でもね、これから子どものことをやっていくわけでしょう？　子どもは原点だから、水だって葉っぱだってなんだってワーッて触るし、虫だってつかまえてみたくなっちゃうし。だからその学生さんたちは、そこからはるかに離れてしまっているっていうか。やがて子どもたちとつきあわなくちゃいけないのに。

大豆生田　子どもの世界に入ると子どもが虫を捕ったりするから、ある程度そこになじむようになるんでしょうね。でも、いまは大人の保育者にも、通じるところがあるのかもしれません。

柴田　それだけいまの人間の生き方、生活の仕方、暮らし方が宙に浮いてきてしまってるからだよね。

大豆生田　そうですね。Ｐａｒｔ３で話題にありましたが、冒険とかチャレンジが生まれにくい社会になってい

て、特に身体性を伴ったわくわくするチャレンジはみなさん得意ではなくなってきた。

柴田　そうねえ。

大豆生田　Part1のICTを使うっていう話でも触れましたけど、まずは身体性を回復しないとまずいですと、子どもを育てる場ではそれは強調したいなと思っています。

仕切りをとっぱらって「人」が群れて生きるということ

柴田　毎年やっているんですけど、いまも、りんごの木のOBがキャンプに行っているんです。毎年総勢で150名以上。

大豆生田　150名ですか！

柴田　小学生は前半と後半に分かれて、中学生以上は1週間以上いる子もいるんだけど、総勢にするとそれぐらい。そこは薪でしかごはんを炊けないし、川遊びしかないし、どちらかっていったら原始的な生活なわけなんだけど、あの子たちは幼児のときにそれを体験しているんですよね。一旦その殻を破っているから、自然の中でほっとできる。

大豆生田　そうですね。1回、その殻を破れたという成功体験は大きいと思います。現実世界というか、街に戻ってきたときにも、それはしばらくは力を発揮するなって、森に行って帰ってくるといつも思うことです。だからときどきでいいんだけれど、「ちょっと殻を破ったな」「ちょっと乗り越えたな」っていう成功体験って大事。りんごの木のキャンプと、ぼくらが学生さんを連れて森に行くのは似ているんですが、決定的に違うのは、ぼくらのほうは異年齢集団ではないということなんです。異年齢集団って、同世代の人たちだけじゃないよさがある。学生さんたちも子どもがいたら違うと思いますよね。自然が苦手でも子どもと一緒にやろうとすると思います。

柴田　そうですよね。**りんごの木のキャンプは小学1年生から30歳ぐらいまで参加するのよね。**いつも思うんだけど、**やっぱり年齢の幅があればあるほど、子どもたちの緊張が緩んでいきますね。**横並びの同世代だけだとどこか緊張感があるけれど、これだけ年齢幅があると、もう緩んじゃう。

大豆生田　**こども家庭庁の「はじめの100か月の育ちビジョン」のメッセージのひとつが、どうやっていろんな人たちが、子どもにかかわる社会を作るかっていうことなんです。**これが大きな核のひとつなんですよね。特に、ちょっと大きい子たちが小さい子とかかわる機会みたいなものをどう確保するか。じつはこれ「親性」にもかかわってくるんです。小さい子の面倒を見た経験がある人たちは、親になったときに明らかに親力が高いことがわかっているんですよ。その経験がなくなっちゃってるから、いまはそれが育たない。子育てしたいという気持ちが生まれてこない。だから、子どもにかかわる経験も自然にかかわる経験も、根っこの部分は一緒かなと思いますね。

柴田　そうねえ、いまは職業体験で来るのよね。でも、ないよりいいわね。

大豆生田　結局、仕組みの中でしかないんですけど、しないよりいいです。なぜ保育者になりたいと思ったかを養成校で聞くと、保育士体験がきっかけの子が多いです。

柴田　あ、そう！

大豆生田　小さい子どもと触れ合ってかわいいと思ったからとか、その経験をして自分に向いていると思ったからが、半分以上です。さらにもうちょっと経験があって「小さいころから、子どもの面倒を見るのが好きだった」っていうのが一定数います。

柴田　核家族になって、いまは大家族じゃなくなっちゃったからね。それで、子どものオシゴトが勉強になっちゃったから。

大豆生田　**だからもう1回、異年齢や多様な年代の人が集って一緒にごはんを作って食べるというようなことをどう再生するか、再生というよりは新たにどう作るかが、これから大事なことになっていくと思うんですよね。**

柴田　いままであった、**子ども、障がい者、何とか…っていう細かい仕切りをとっぱらって、人が群れて生きるっていうふうに、ね。**

大豆生田　そうなんですよね。そこでは多様なことが入ってくるから、「あんた、何やってんのよ！」って怒鳴っちゃう近所のおばちゃんも、じつは大事なのであって。

柴田　そうそう！

大豆生田　その人も巻き込んでいきながらね。それってじつは子どものためだけじゃなく

て、大人のためでもあったりする。お年寄りが、知らない子から自分の名前を呼ばれたりしたら、生きがいになりますよね。障がいがあってどちらかというと支援される側にいる人も、園に来ると、子どもたちのヒーローになったりするじゃないですか。支援される側なんだけど、する側にもなっていく。子どもっていう魅力があるから、そこでいろんな人たちがかかわりあう。こどもをまんなかに、みんなが自分らしさを回復する社会、私が私であることを回復する社会を作っていきたいですね。だから「共主体」なんですよね。

柴田　コロナ禍のときにね、りんごの木の子どもたちが流浪の民で、密を避けるために雨でも風でも外を歩いていたの。ある日、公園にお弁当箱を忘れてきた子がいて、近所のおばあちゃんが届けてくれたのね。「あんなとこでお弁当食べてるのは、お宅ぐらいよ～」なんて言われて話をしてたんだけどね、そのおばあちゃんが、「わたし、ヒマなのよ。だから何かできることがあったら言って」って言ってくれてね。「え、ヒマ

なの？　じゃあ、来て来て！」って言って手伝ってもらったりしたんですけどね。おばあちゃん、だんだんね、「10万円ぐらいなら貸せるわよ」って（笑）。

大豆生田　ハハハ！（笑）

柴田　「いやお金はいいですよ、お金は」って言ってね。「じゃあ、縄跳びの縄回してもらえます？」って言ったら「それはちょっと疲れるから」「そうですよねえ」って言って、じゃあって言うんで縫い物を教えてもらったりしたんですけどね。

大豆生田　いいですね。園が迷惑施設だとか、子どもの声が騒音だっていう話も、その人たちが悪いというよりは、さっきの虫が遠くなっちゃった学生さんと同じで、その人たちにとって子どもたちが遠い存在になっちゃったんですよね。その距離をもう1回近づける機会、お互いが歩み寄る機会をどう作るかっていう話なのかなっていうふうには思います。

柴田　それには敬老の会とかやって、踊るのを見せたりするだけじゃダメなのよね。

大豆生田　高齢者施設を訪問するって行事は多くの園でやっていますけど、施設側にしたら、いろんな園が毎週来るのでじつは迷惑しているという話もあって（笑）。これも思考停止なんですよね。訪問することの真の意味を問うていないというか。

柴田　そうねえ。

大豆生田　**互恵性、互いに恵みがあるということが大切なんです。**しかもこのような連携や交流は、継続性や物語り性などもあるといいですね。

柴田　うんうん。そうね。

Part 4

ちょっと振り返り

mini review

一緒に食事をするとか
お茶を飲むとか。
上下関係を超えるのにも
そういう雑談の場から
始めるのは手ですよね。

一人ひとりが
どんなに
違う生活をしているか
それが見えてくると
みんな同じようにしようと
思わなくなるのよね。

Part 5 ——

保育における「子育て支援」って何だろう？

子育て支援の「サービス」園はどこまで応える？

柴田　あのね、子育て支援って何か、っていうのがちょっと気になってるんだけど。

大豆生田　はい。

柴田　いまは少子化もあって、待機児童も減って、そして「こども誰でも通園制度」の実施も一部で始まって。子どもを預けやすくなるのはいいと思うんですね、それはいいと思う。一方で、なんかどんどん「サービス」を要求されて、それに応える保育園、支援施設というふうになりつつある気がするのね。

本来、そういった施設が子どもを預かるっていうのは、**子どもが健全に育つために親だけではダメだから、そこに園とか専門家が介入して援助することだと思うんですよ。ところが、いまは親にサービスするための援助になりつつあると思うのね。**

大豆生田　はい。そうですね。

柴田　この間、ある地方のこども園に伺ったんです。新しい園で素敵な園舎なのよ。園庭も広い。芝生もあって砂場も作り方が素敵。ビオトープまで作ってるの。

園それぞれの常識があっていいなとは思っているのよ？　だけど、みんなが同じ体操着を着ていたのが、私には一番違和感だったわけ。こんなに素敵な園舎で、絶対に保育中には外に出られないようになっていて、その中でどうして同じものを着ていなくちゃいけないの？　どうしてみんな靴下をはいて靴を履かなくちゃいけないわけ？　って私は思ったから、「素朴に言わせていただいていいですか？　どうしてみんな同じ体操着を着ているんですか？」って聞いたんです。そしたら、保護者にアンケートをとりましたって言ったの。「それって園側が、意図なり方針なりがあって決めることではないんですか？」って言ったんだけど。アンケートでは体操着がいいっていう人が多かったんだって。

大豆生田　ふーん。

柴田　ふーん、でしょう？　これ、子どもが減っていって待機児童がいなくなったら、園はどんどん生き残るためにサービス化していくなって思ったの。そのサービスっていうのは子どもに対するものではなくて、親の要望に応えるサービスね。親は子どものプロじゃないわけじゃないですか。親もいろんな育ちをしてくるわけで、それも全面に受け止めなくちゃいけないけど、子どものためには親に「でもね」って言えるのが私たちの立ち位置だと思うのね。

子育ては時間短縮でやりたくて、自分の手間ひまがかからないで、人からの要求はないほうがよくて、それで、ちゃんと知的に育ってほしいってね、もうどうしたらいいのよ、って。制服から預かる時間から何からなにまで、親の要望にサービスで応えていってしまったら、じゃあ親のあなたたちは何の役？　あなたたちはどういうふうな子どもに育ってほしいの？　と。その園でね、1歳児が丸めた靴下の先のほうに足の先をちょっと入れて、「で

SERIES E7

きない！　できない！」って言っていたの。私は「もうはかなくていいじゃない」もしくは「はかせちゃえばいいじゃない」と思うけど、先生は正しい指導をするわけですよ。手を貸さないで見守って、「がんばってね」ってね。

結局、**親の要望に応える役目になっていったら、おもしろいことは全然ないわけね。保育が専門職ではなくなるわけですよね。**子どもが減って、待機児童がいなくなったらなおのこと、私たちの仕事が完璧にサービスになっていく危ない時期だなって思って。親を保障していくってことは、結局、親は面倒くさいことをやらずに、園は子どもを汚さずに、ケガをさせずに…と、それってペットお預かり状態ですか？　と。

大豆生田　そう思っちゃいますよね。ぼくもね、そのへんが危ないと思っています。

柴田　もうひとつね、こういう話になると「じゃあ、親の意向を受け止めないのも許されないのか」っていうことが現場ではよくあるんですよね。「うちは泥んこはさせないでください」っていう人がいたりするじゃない。逆に「うちの子はさせてください」っていう人もいる。「ケガはさせないでください」「いや、ちょっとのケガぐらいはいいです」って、親の価値観もさまざまじゃない？　その親に合った対応をするというのはとても大変なことじゃないですか。そこに、「いや、子どもにとって泥んこ遊びはね」っていうことを、教えるんではなくて情報として親たちの中に浸透させていく…って難しいですよね。

大豆生田　まず大事なことって、**保育の専門家は子どもの育ちの専門家でもあるわけだから、この時期に何が大事なのか、何を保障する場なのかっていうことをちゃんと持ってな**

きゃいけないですよね。さっきの制服の話もそうで、制服を着せることがダメなんじゃなくって、その理由を「親の意向だから」としていることが問題で。**親の意向の前に専門家として、子どもにとっての意味をきちんと持っているかということなんです。**もちろん親の声を聞くことも大事ですから、そこはやっぱり対話ですよね。どう折り合っていきながらやるかっていうことでもありますよね。

「居場所」は提供しても子どもの育ちの援助は？

柴田　一方でね、サービスを提供しろと言われて、居場所は提供するけれど、そこで本当の援助ってできているのかしらって思うこともあるのね。都内のある自治体の支援センターで子育て支援の講座が年に1回あるんです。その地域は街自体が新しくなってきていて、支援センターのある建物もピカピカで、冷暖房の利いた公園みたいに家族で来ちゃうというの。そこには多国籍の人が集まってきていて、異文化の人が集う地域なりの苦労があるっていうことがひとつあるんだけどね。

私の講座には2・3歳児の親が多くきていて、そこに住んで1~2年の人が圧倒的に多くて、一番長くて5年ですよ。よそから移り住んできていて近くに顔見知りがいるわけでもないから、自由に出入りできる場所はその支援センターぐらいなのよね。その狭い空間の中にいろんな育ち、いろんな価値観を持った人が押し込められているわけで、ここの中で子どもの育ちをどうやったら援助できるのよっていう疑問があるんです。それでね、大体その講座が終わると、私のところに、まるで人気の占い師に並ぶように列ができるんですけど…。

大豆生田　みんな愛子さんに聞きたいのね。うちの子の場合どうですかって話をね。

柴田　そう。それで一番最初の人がいきなり号泣したわけ。顔を見てこの人は何かあるなとは思っていたんだけど、話し始めてすぐに号泣したのね。「私は、迷惑をかけてはいけないと言われて育ってきた。だから迷惑をかけないっていうことがすごく大事なんだ」ってね。上が6歳、下が2歳の子どもがいる人で、迷惑をかけないことにすごく気を張ってきたから、子どもがお友達の家に行くときは、何か手土産を持たせなきゃいけない…という話もしてね。

「だって幼稚園に行ってるんでしょう？　幼稚園では、お宅の子が迷惑かけてるんじゃない？」って聞いたら「いや、そこはお金を払ってますから」と。お金を払ってサービスを提供されるところには迷惑をかけてもいい。でも、そうではない人と人との関係の中では、迷惑はかけちゃいけないってね。その人にも背景があるわけで、育った場所なんかを聞いていくと、どうやらその人自身が親から見捨てられた感じなのよね。子どもを産むときにも頼ってほしくないと親に言われて、実家に行ったときにはごはんも作ってくれなかったと。彼女は、もうその関係を断ちたいって思って、居場所も電話も教えていない。「私は私と思うけれど…」と言いながらも、ものすごい鎧《よろい》をつけてビクビクしているわけですよ。「そうなの。そんな親は捨てたほうがいいよ」って言ったんだけどね。この人に正論なんて言える時期ではないわけ。共感しかないと思ったのよね。

子どもにとっての祖父母とのつきあいがない、そこに彼女としてはものすごい壁がある。だからほかの子が、おばあちゃんおじいちゃんちに行くって言うと、「私はうちの子にかわいそうなことをしてる」って思ってしまう。「おじいちゃんおばあちゃんがいなくて、子どもたちに寂しい思いをさせている」って言うから、「寂しくないよ、あなたがいるんだから」って言ったんだけど、それを言ってほしかったみたいなのよね。「あなた、子どもにごはん食べさせてるでしょう？　大丈夫。子どもを捨てないでしょう？　大丈夫」って言ったら、彼女は「そんなことを言われたのは初めてです」ってね。カウンセリングにも4回行ったけど、自分が望む話にはならなかったって言うのよね。

これは何回も話を聞くことをやっていかないと無理だなと思って、メールちょうだいって言ってその日は終わったんですけどね。すぐにメールが来て、それに間髪入れずに返信して…それを何度かくり返して、今日の朝には「少しすっきりしました」ってメールが来ていましたけどね。

大豆生田　そうですか、よかった。

柴田　そういう人には「そんなんじゃいけないよ」っていうところまで言っちゃいけない

のよ。「がんばってるね」までしか言えないんだよね～。子育て支援の講座に行くと、そういう人たちが立て続けに来るわけですよ。この人たちがケアされないと、子どもとの関係を作っていけない。だから、確かにサービスとして居場所は提供しているけれど、そこで、どんな支援を提供してるんだろうってちょっと思うのね。

大豆生田　はい。

柴田　まだあるの。いい？

大豆生田　もちろん、どうぞ。

柴田　この間は都内の別の区に行ったんですけど、役所の人が虐待防止のためにこういうことを言ってほしい、と言うんです。なんで私が言わなくちゃいけないのって、その支援課の人に「あなたの領分じゃないですか」って言ったんですけどね。その区では虐待防止のために子どもを預かるシステムを作っているけれど、だれも来ないって言うんです。どういうシステムなのかを聞いたら、1泊2日で預かるっていうの。「泊まるところに子どもを置いてくるって、親にとってはすごいハードルですよ。1日2時間とか3時間とかないの？　それいくら？」って聞いたんだけどね、「あ、ちょっと待ってください…」という感じで、さっきの人も言っていたけど、役所に相談に行くとシステムや制度は紹介してくれるけれど、「その人」が自分を包み込んでくれるかというと、そうとは思えない。「あ、私は…」って引いてしまう感じで、だから「迷惑をかけてもいいんだよ、ひとりで育てていけないよ」ってはっきり言ってくれる人に初めて出会ったと言うの。

行政的なシステムはどんどん作っているけれど、そこにいる人は異動もあるし、腰が据わっていないわけよね。頼りにしていた人が次に行ったらいなくなっていることもある。だから、もっと本当の意味でコミュニケーションの場にしてほしいし、支援の仕方を考えなくちゃいけないんじゃないのって思うんですよね。

大豆生田　まさに、そうですよね。まず、いまの親たちが置かれている状況をどう見るかっていうことが、ひとつ重要だと思っています。

柴田　そうよね。

大豆生田　※最近のあるデータ（次ページ参照）でも、親たちの子育ての負担感、ネガティブな感情がものすごく大きくなっている。もう極端なくらいです。子育て支援のサービスはこんなにも増えているんだけれど、**子育ての負担感やストレスを多くの親が感じているのです。**ではなぜそうなってしまったかっていうと、**親たちだけが子育てをする、この子の将来のすべてを自分が担わなきゃいけないんだっていうことの孤立感が、そもそものひとつの大きな問題なんですよね。**

柴田　そうですよね。

大豆生田　かつての子育ては、周囲の支えがたくさんあった。大家族で、おじいちゃんおばあちゃん、近所のおじちゃんおばちゃん、ちょっと大きいお兄ちゃんやお姉ちゃん、みんなが子どもの面倒を見てくれた。それに、子どもは外で勝手に遊ばせておけばよかった。サザエさんを見れば、それはよくわかります。つまり、かつての子育てはみんなが支えて

子育てへの肯定的な感情は減り、否定的感情は増えている

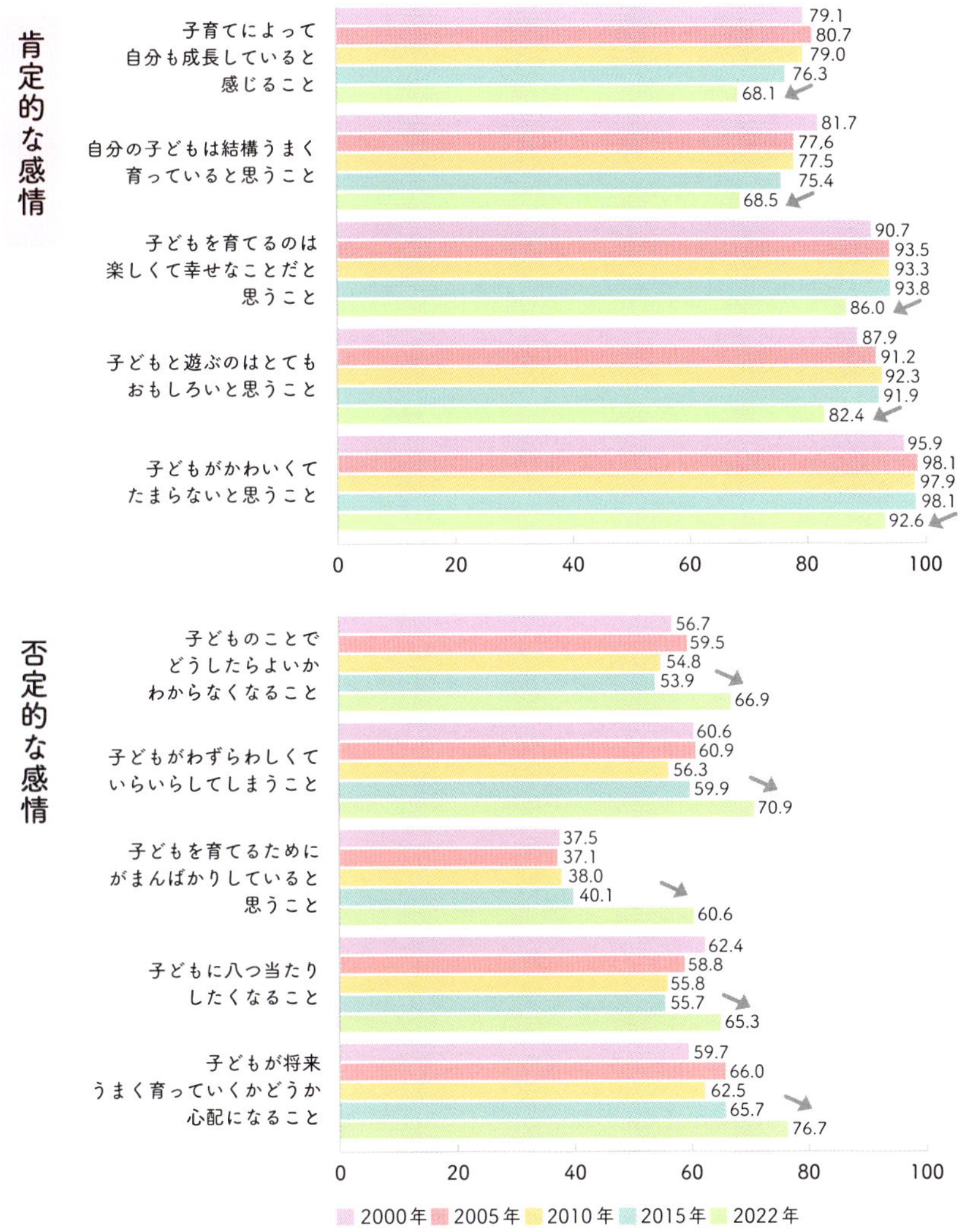

※よくある＋ときどきあるの%

※「第６回幼児の生活アンケート」：ベネッセ教育総合研究所

くれた。支え合いが当たり前で、お互いさまが当たり前だった。それが大きく変わってしまった。それといま、子どもを育てるっていうことを、親たちが身近に経験してきたかと考えると、これも見事なぐらいに経験がない。そのへんの小さな子の面倒を見るよりは塾に行って、受験や成績のための勉強をやりなさいとさんざん言われてきた。小さい子の面倒を見て「かわいくてしょうがない！」と感じたり、親になって子どもを育てたいと思えるような経験を、そもそもしていない。

柴田　そうなのよね。

大豆生田　そりゃあ子育ては大変に決まっていますよね。しかも親の自尊心、自己肯定感が低いといわれているし、こう「やらねば」という情報はいっぱい入ってくるけれど、それ通りにいかないし、思い通りにいかないのは自分が悪いからじゃないかと感じてしまう。そうした中に、いまの親たちが孤立している状況がある。しかも、3歳までどこにも通ってない子たちの中には、虐待リスクが高い層がいるといわれていて、考えてみたらそうですよね。いままで子どもっていうのは、そのへんで勝手に遊ばせている中で育ってきた。それがいまはできないわけで、家の中で親子ふたりっきりでいたら、ずっと動画見せっぱなし、ゲームやらせっぱなし。それがダメと言われても何をすればいいかわからない…ということにもなり得ますよね。

そうした状況の中での「**こども誰でも通園制度**」は、**家庭だけではなくて、ちゃんとほかの群れの子育てとつながりながら子どもを育てることが、子どもにとってよいことなん**

だっていうのが本質なんですよね。子どもの群れの場所である保育園で、子どもにかかわる専門家である保育者さんとパートナーシップを組み、一緒になって育てる場。それは子どもにとってよい環境が得られるということだけではなくて、親も一緒に育つ場になっていくっていうことが重要なんですよね。**これは単に親たちへのサービスではなくて、子どもの育ちのための制度なのです。**

親と保育者がパートナーシップを組むということ

柴田　ちょっと手を挙げていいですか？

大豆生田　はい、どうぞ。

柴田　親と保育者が一緒に子どもを育てるっていうところなんですけどね。子どもを預かってしまったら、そうはならないんじゃないかって。いま、りんごの木がある横浜の都筑区でも、赤ちゃんを産むと30分単位で預かってくれるクーポンをくれるんですけど、そんなふうに預けて子育ての相棒になれるかっていうところなのよね。預かってくれたら、その時間は親はラクにはなるけれど、それだけであって元の木阿弥なんですよね。だから、**やっぱり定期的に来て、同じ人と顔を合わせて、そして「あなたんちの子はよく泣くよね**

え。でも、こうすると泣きやむみたいね」って話をして。やっぱり支援って、ケースバイケース、個々の相棒になる人を作るより仕方がないんじゃないかって。

大豆生田　その通りだと思います。預かりっぱなし、預けっぱなしでは、子育てのパートナーシップを組むのはなかなか難しい。「こども誰でも通園制度」自体も、毎日預かるわけじゃないんですよね。いまのところせいぜい週1で、しかも月何回か。そこでは、すぐに親と離れられないお子さんもいると思います。だとしたら親も含めてそこにいることになって、そこでは保育者さんとの対話が生まれてくるし、親と離れられるようになっても「きょうはこんなことして遊んだ」という対話も含めて、結果的にそれは家庭に帰ってからのプラスにもなる。ぼくは、子どもに返ってこない支援は子育て支援とは呼びません。だから親がいっときラクになることで子どもにいい顔ができるなら、それも子育て支援なんだと思うんです。保育者さんと話しながら、「家でもこんなことやってみようかしら」と思えたりだとか、「そうそう、あの公園だったら、きっと楽しく遊べるよ」と教えてもらったりとか。

柴田　そうなのよね。私ももちろんそう思ってるわよ？　でも、現場がそうなっていないこともあるじゃない？　たとえば、あるこども園では親は玄関から先に入っちゃいけないの。コロナだからっていうことじゃなくて、もともとのルールとして入っちゃいけないのね。どうしてなのか聞いたら、「子どもの世界を守るため」と言ったの。子どもの世界を保障するために、大人は入るなということなのよね。

それから、最近は子育て支援のスタッフの人たちの相談も増えていて、先日もある県で「これはこうしたほうがいいんじゃないですかと親に言うと親は怒る。私たちは意見を言っちゃいけないんですか？　黙って預からなくちゃいけないんですか？」って相談されたんです。だから、そのコミュニケーションが取れるまでの前段階ができていないわけよね。初めて会った人とでは、そりゃなかなかうまくいかないですよね。

それとね、支援してる人っていうのは、割と誠意のある方が多いわけじゃない？　そこの園ではね、仕事が休みであるはずの土曜日に預けに来る人がいると。「お休みなのに預けに来る人を、私だって人間なんですからカチンとくるんですけど、それはいけないんですか？」って言うから、「あら、あなたケチね」って言ったの（笑）。

大豆生田　はい（笑）。

柴田　休みなのに園に預けて子どもがかわいそうだって言うから、「この人は、子どもを預けないと休みにならないってことじゃないですか？」「この人には、子どもといると苦痛だという何かがあるはずだから、とりあえず、この人の休みを保障するところから考えたらどうですか？」って言ったんだけれど。だからまず、その支援関係を作っていくっていうのが難しいんですよねぇ。

大豆生田　園もどうしても、これまでの社会的なニーズの中で、子育て支援がサービス化してしまわざるを得ない現実があったわけですよね。そうしたサービス化に疲弊する一方で、保護者に対して「あなたはサービスを受ける立場ではない」という、サービス提供者

としての視点になっていった側面もあるわけです。

柴田　そうなんですよね。

大豆生田　そうすると、さっきの話に戻したいんですけど、その「子どものためなんだ」っていう解釈がじつは多様なんですよ。

柴田　うんうん、それ。

大豆生田　いまでも、3歳までは預けるべきじゃない、お母さんが見るべきだっておっしゃる方がいます。園に預けるなんてことは、かわいそうだっていう。いやいやいやいや、良質な保育の場で生活できることは、子どもにとっては幸せです。というか、家庭にいることが幸せとは思えない家もありますから。さっき、サザエさんの話（122ページ）をしたように、いまの子育て現場はそれが得られにくいのです。だからいまの話は、そのご家庭の場合どうですかっていうことをちゃんと問わなきゃいけない。

柴田　そうなのよ。

大豆生田　親がなぜ仕事がないのに子どもを預けるのか。保育する側からすれば理不尽に感じるのも当然です。しかし、その背景には親側の事情がある場合もあります。そうした親側の視点に立った想像力も必要なのかもしれません。

柴田　そうよね、本当そうね。

大豆生田　「子どものため」という思いは、多くの方が共通だと思います。でも、子どものウェルビーイングのためには、親もまたウェルビーイング、幸せ（身体的・精神的・社会的に良好）な状態である必要があるんですよね。もちろん、現状では園にかなりの大きな負担を求めすぎていると思います。それを今後見直していく必要はあるのですが、子どものためにこそ、保護者の背景も含めて考えていく必要があるのだと思います。

柴田　うんうん、そうですね。

「こども誰でも通園制度」とちょっと意外なマネジメントの話

大豆生田　「こども誰でも通園制度」については、賛否両論があります。現状においても、園の負担が大きいので、否定的な声も当然だと思います。しかし、3歳までどこにも通っていない子どもの中で、孤立している親子が少なからずいることも確かです。良質な保育につながれることで救われる親子がいることも確かだと思います。

よく誤解されていることに、子育ての負担軽減などリフレッシュ目的が多い「一時預かり」との違いが理解されていないことがあります。「誰でも通園制度」は「一時預かり」と異なり、子どもの育ちを応援することが主目的となっており、利用定員の空き枠を利用して行われるものです。少子化がさらに進めば空き枠は大きくなり、状況はさらに変わっていくかもしれません。ですから、「誰でも通園制度」が単なる預かりサービスではなく、

「子どもの育ち」を応援するためのものとして運用されることが求められます。「共育て、共育ち」の場になることが必要だと思います。だからこそ、現場の疲弊感が大きいという課題を何とかしなければなりません。

柴田　そうね。

大豆生田　日本の保育現場は、配置基準の問題に加え、超長時間保育が大きな問題です。そうした制度的な課題が大きいことは確かです。もちろん、制度を変えることも必要なのですが、同時にいま多くの園で動き出していますが、マネジメントなどによる工夫も求められます。

柴田　ちょっと質問！　大豆生田さんのおっしゃるそのマネジメントっていうのが、どうもピンとこないんです。そのマネジメントで、保育現場の負担は軽くなるもの？

大豆生田　保育でいうマネジメントとは、大まかにいうと仕事の内容や時間配分、役割分担などの課題を見つけ出し、働きやすい環境に整えていくこと。もちろん現状を考えると簡単ではありませんが、うまくできれば現場の負担も軽減するはずです。専門家の力を借りることもひとつの手ですが、すべて外部まかせにせず、リーダー層がどうミッションを持って動くかが不可欠だと思います。

柴田　じゃあ、外部まかせにしないでマネジメントをやるには、どういう？

大豆生田　まずは、意外なようですが、子どものことをみんなで「○○ちゃん、こうだったね」みたいに振り返ったり語ったりする時間がちゃんと確保されることが第一。時間がないんですよってみなさん言うんだけど、「語りたいんですか？　語りたくないんですか？」という話で、語りたければ、どうやって時間を作ろうかという工夫ができるはずです。**語りたくなるような保育であれば、5分でも10分でも作ろうと思える。そのためには、書き物の見直し、行事の見直し、保育者がやらなくてもいい事務作業の見直しへとつながっていくはずなんです。マネジメントの根幹は、じつは保育の質そのものなんですよね。**

柴田　なるほどね。でもね、私思ったんですけど、まず、その「語りたいこと」を語れる人間関係すら、作れていないんじゃないかしら。オンライン講座の「せんせいゼミナール」（小学館）でね、「子どものあるある」っていうテーマをやったの。私の「あるある」は、子どもってこんなことやっちゃうよね〜って、どっちかといえば「笑っちゃうよね。しゃべりたくなっちゃうよね」っていう、そういう話だったのね。それでその日最初に出したエピソードが、子どもがサインペンで一生懸命自分に模様を描いていたという話だったわけ。それが衝撃だったらしいのよねえ、世の中的には。それでそのときに寄せられたアンケートが、困った子の相談みたいになっちゃって。こういう子がいてどうしたらいいかとか、1歳児が走らないようにするにはどうしたらいいかとか、こちらの思い通りにいかない「あるある」だったんですよ。

大豆生田　ええ!?

柴田　私の「あるある」は、大人にとって想定外のあるあるを楽しむ、楽しめるってことなんだけど、**「笑っちゃう！　見て見て、○○ちゃんがこんなことしてる！」って言える**

人間関係が、みんな作れていないのよね。

大豆生田　これ、ドキュメンテーションの写真を撮るというときも、もうてきめんに出ます。どこを撮っていいかわからないから、「○○していました」という報告の場面しか撮れないんですよね。「○○ちゃん、きょうこんなおもしろいことやってた」とか、「そうか、いまこの子、こんなことに困ってるんだよね」も含めて見えていないから、写真を撮る瞬間がわからないし、それでは語りたいことも生まれないですよね。だからぼくらのひとつの提案は、「おもしろいことを探すところから始めません？」っていうこと。それ

をすると語りたくなっちゃうから。おもしろいことを探し始めたら立ち話をするんですよ、みんな。

柴田　そうよね、おもしろいことは言いたいもんね。

大豆生田　だからそこを生み出すことが一番。マネジメントっていうと働き方改革のように考えてしまうけど、根本が違う。そもそも言いたいことがないのに、語り合う時間だけを作ったってしょうがないわけですから。

柴田　そうよね。でもね、さっきも言ったけど、語りたいことを語ってもいいという同僚の関係性がまずできていない。そういう相談って結構あるんですよね。先日は、保育者1年目の人から、疲弊

して泣きそうなメールが来たんですね。その人は1年目なのにリーダーを任されていると言うの。「なにそれ！　1年目でリーダーなんて無理ですって言いなよ」って言ったんだけどね。リーダーのプログラムを決めなくてはいけなくて、それがうまくいかないと「あなたリーダーでしょ」「もうちょっとちゃんとしたものを計画したらどうなの」って言われるんだって。それをどうしましょうって相談されるんだけどね、「どうしましょう…辞めますか？」しかなくてね。だから、そもそも、子どものことを言いたくなっちゃう関係性っていうものすら、できていないんですよね。

大豆生田　この話って、離職率ともすごく関連していますよね。いまどこの園も保育者の定着が大きなテーマです。その職場がわくわくとした気持ちで働けるかどうかは、保育にわくわくできるか、子どものことにわくわくできるかと同時に、この人たちと働いていることにわくわくできるかということが間違いなくある。だからいま、職員間の人間関係が保育の質であるという話を強調しています。厚労省でまとめた「保育所等における保育の質の確保・向上に関する検討会」でも、大事なことのひとつに挙げています。**子ども一人ひとりをリスペクトするように、職員同士もリスペクトし合えること。**「変なことすぐ言うけどおもしろいよね」みたいに言い合える職場風土を作れるかっていうことがマネジメントの根幹で、**子どものことをわくわくした目で見ていくということは、大人同士においても同じ原理なんですよね。**

柴田　そうよね。

大豆生田　子ども、大人、どっちかだけじゃなくって、その両方を見る目を変えていく。そうすることで結果的に保育者が辞めなくなるわけだから、ものすごいマネジメントになってくるわけです。

柴田　一人ひとりが違うっていうのは、子どもだけの話じゃなくて大人もそうですよね。でも、一人ひとり違っていいっていう教育をされてこないじゃない。どうしたら学校教育の時代とは違う安心できる大人関係を作っていくか。ここがひとつ目の関所ですよね。

大豆生田　そこに関していうと、もうほかの人は変えられないので、やっぱり自分から始めるしかないんだと思うんですけどね。人間関係って、ずっと長い時間一緒にいるとやっぱり悪いところが気になってイライラするものだけど、悪いところはだれにでもあるのだから、「あえて〝いいところ〟を口に出してみません？」ということから始めるのはひとつかなと思っています。たとえば、1年目の保育者さんたちみんな、「先輩の先生からポンッて肩をたたかれて、あれよかったねって言われて、涙が出るくらいうれしかった」って言うんですよ。自分がやってることが毎日ダメだらけだって思っていたんだけれど、先輩だったり園長だったりに、「あなたがやっている、ここがいい」って、そう言われることで救われた気がするっていうのは、若手の先生たちが口にすることの多い言葉なんですよね。どうしても、できていないこと、ダメなことを口にしがちなんだけれども、むしろ「できていることから始めない？」という話をしています。

保護者の話に戻していくと、親との関係も多分そうなんですよね。いろんな苦情を言ったりだとか、子どもに感情をぶつけていたりするっていうのも、おそらく親がイライラしているのには理由がある。だからそれをとがめたからといって、なかなかことは解決しない。

柴田　そうだよ。

大豆生田　その場を収めることは可能かもしれないけれど、解決はしない。子どもの最善の利益を守るとすれば、なぜこの親がこんなにイライラしているのかっていうところに思いを寄せて、**「ああ、そうか。いまちょっと、そのことで大変そうですよね」というように、親側に立って言葉を返していくところから、次の一歩って始まるのかなって気はするんですけどね。**

柴田　そうですよね。さっきの（128ページ）、自分が休みなのに子どもを保育園に預ける親にカチンとくるっていう人にね、「〝子どもがいるとホッとできないよね。ひとりでどこ行くの？　デパート？　パチンコ？〟って聞いてみたら？」って言ったのね。それで「じゃあ、いい顔して帰ってきてね」って送り出

すのでいいじゃないって。あなたがそれをイヤなんだったら、土曜日のシフトから抜けたらどう？　とも言ったんですけどね。やっぱり、正しさに縛られているというか、特に子どものことに関してね。**「子どもにとっていいこと」と考えるのはいいけど、親がサボることはマイナスだっていうふうに見すぎですよね。**

大豆生田　そうですよね。でも、いまのはぼくにはなかなか言えないな（笑）。愛子さんすごいな、と思いながら聞いていました。

柴田　あら、そう？　そうね（笑）。私の価値観とこの人（親）の価値観は違うわけで、ともにラクになることが必要なのであって、この人のラクを保障するためには、その価値観の違いには目をつぶる。そのあとの質問でね、「愛子先生みたいにうまく対応できないんですけど、どうしたらいいんですか？」って言うから、「私たちは接客のプロであるホステスさんと思いましょう」って。園は親にサービスする場とは思わないけど、とりあえず、親を受け入れるときはホステス役ですよ。その人が「待っててくれたんだ」って思えることが大事で、「あっ、きょうも来たね。この間よりもいい顔してるじゃない！」ってね。「あの人、また来たわね」ってそっぽ向いてちゃダメで、**その人が警戒していれば警戒してるほど、やっぱりこっちから歩み寄らないと開いていかないのよ。そこをまず入ってもらって関係性ができちゃったら、「あなた、これやりすぎじゃないの？」って本音の会話ができるようになる。**だから、まずはそこに手間ひまはいるんですよね。

大豆生田　そう。じつは保育所保育指針第4章子育て支援のところにも、「信頼関係を基本に」ということが書いてあるんですよ。その信頼関係をそもそも作っていませんよねっていう話です。そしてその基本となる信頼関係を作るのは簡単じゃないんです。愛子さんがおっしゃるように、相手側に入っていかないと作れない。

柴田　そうなのよね。

大豆生田　**相手が心を許して、ここだったら何を言っても許されるかもしれないって思えることが大事なのです。**もう少しその先を言うと、保育者自身が子どものことでわくわくして話したくなって、「明日はこうしよう」みたいなことが園の中で生まれるだけじゃなくて、それに保護者も巻き込んでいくところに重要な役割があると思うんです。

柴田　うんうん、そうよねえ。

大豆生田　いくらドキュメンテーションで写真を見せたって、「きょうは○○公園に行って遊びました」しかなければ保護者を巻き込めないんですよ。だけど、「○○ちゃん、きょうこんなおもしろいことがあって、ほら写真、見て見て！」と、そこにこんなにこの子たちの育ちや学びの物語があふれているってことが語られたり見える化されることによって、そのことが親たちの気持ちを動かしていきますよね。

たとえば、石ころの登場する絵本を園で読んだらおもしろくって。子どもは楽しかったことを家に帰って言うし、そうすると家でもその話が広がっていって、「だから私、子どもと一緒に石ころを探しちゃいました。きょうは園に持っていくっていうから、家から持たせました」みたいなやり取りが生まれたりね。ここに園と家庭との循環ができてくる。

これがパートナーシップ、家庭と園で一緒に育てるということ。この保護者とのパートナーシップを作れるかどうかが、保育の重要な専門性ですよね。

柴田　そうなんですよね。だけどね、感じたことをうまく言語化できるかどうか、そこがまずハードルが高いんです。みんな、「私はこう感じたけど、親は感じないかもしれない」って考えるわけですよ。「私はこれがうれしかったけど、親はそう感じないかもしれないし、親はそれを喜ばないかもしれない」と思ってしまう。だから私、「言ってみなきゃわかんないじゃん！」って言うんだけど。

「きょうはこんなことがあっておもしろかった」って言ったときに親がしら〜っとしていたら、「やだ！　あなた感じませんか？　私はこんなに喜んでいるのに」って言えばいいじゃないってね（笑）。親はその場ではしら〜っとしてても、帰りながら「あの先生、なんてあんなに喜んでいたんだろう？」って考えるかもしれない。とにかく発信すること以外ないんだけど、発信することを躊躇《ちゅうちょ》していますよね、みんな。

大豆生田　これまでの「正しい記録の書き方」だとか「正しい伝え方」だとかに縛られてしまっているんですよ。でも、いまおっしゃられたようにパッションなんですよね。きれいな文章や言い方ではなくてよくて、「○○ちゃん、すごかったんですよ〜!!」って、こちらの心の動きを伝えることが大事で。実際には、そのときには子どもの心も動いているはずなので、子ども自身も伝えてくれるんですけど。子どもも動いているしこっちも動いているからこそ、そのパッションが伝わっていく。

柴田　そうなのよねえ。

大豆生田　だから、ぼくらは写真っていうツールを使うことを提案して、文字や言葉だけではないコミュニケーションをすすめたのです。写真そのものが語ってくれるから。正しい伝え方を考える前に、こちらが心動いたことがあるかどうか、それをそのまま出しちゃえばいいじゃん、って。

柴田　そうなの。ミーティングもそうなんだけど、保育者が心を開いてなかったら子どもが本音を言うわけないのよね。だけど、Part1でも話したんだけど、自分を開くのが怖いと感じる人もいて、**確かにこれまでみんな鎧を着て生きてきちゃったんですよね。これをまず脱いで子どものことに感動していかないと、それを保護者に伝えるっていうところに、たどり着かない。**…なんか、先が長いね。

大豆生田　うん。でも希望はあります。ぼく、学生さんに卒論では「外（フィールド）に出ろ」と言うんですけど、そういうことなんですよね。ネットや本だけで調べたら、簡単に正しそうなことは書いてあるんです。でも、それを持ってきたって何もおもしろくない。だから、あなた自身が実際にフィールドに出て心と体を動かして持ってきなさいよって。それが一番おもしろい卒論になるんだからさって言うんですよ。**保育現場に行っても、やっぱり生きて働くのはパッションなんですよね。**

柴田　うんうん、そうね。

Part5

ちょっと振り返り

mini review

やっぱり子育てって
ケースバイケース。
それぞれの相棒になる人を
作るより仕方が
ないんじゃないかって。

現場が疲弊してるって
いうことも重要な問題。
園のマネジメントを
考え直す必要もあります。

Part 6

子どもも大人も
みんなが幸せになる保育へ

「主体的な保育」に向かって みんな動き始めている！

大豆生田　少子化によって園の運営に関しては厳しくなっていますが、一方でこの少子化も「こどもまんなか」を後押ししてくれてると、ぼくは思っているんです。少子化だから、保育の質を高めることや、子どもの人権を尊重するってことがこんなに動いたんですから。

柴田　でも、そうやって意識改革をしようとしてるけど、現場はちっとも改革されていきませんよね？

大豆生田　ちっとも改革されていないことはないですよ。

柴田　ちょっとは改革されてるかもしれないけど、でも泣く子は連れてくるなとかオムツが取れてない子は入れないとか、昼寝で暗い部屋に入れられちゃうっていうのは、まだざらに残ってるじゃない？

　それとね、いま不登校の子どもが約30万人いるって※統計が出ていますよね。そのほかに引きこもりがあって、いまは、やっぱり子どもたちが幸せじゃない状況にいるっていうふうに感じて、私はちょっと悲観的なんですけどね。

大豆生田　悲観的な実態はあると思います。だからこそ、いまここでどれだけ変えられるかが勝負と思っているんです。もちろん、そういう中で育ってきてしまった人たちのケア

※文科省「令和４年度　児童生徒の問題行動・不登校等生徒指導上の諸課題に関する調査結果について」

が一方で重要であるし、学校も動いてもらわなければいけない。保育と小学校1年生との架け橋をつなげていくことに力を入れているのは、学校も子ども主体に変わることが必要だからなんです。ぼくの専門は乳幼児期なので、まずは保育の世界がどれだけ動くかっていうところからやっています。

柴田　大豆生田さんって、割と未来を明るくとらえますよね？（笑）まあ、明るくとらえないと進んでいけないからね。

大豆生田　だって、次の世代のことがあるから。絶対に明るい方向に変えていかないといけないという使命感ですよ。

柴田　そうですよね。ではそこでね、ちょっとお聞きしたいんです。保育をしていると、この話題も比較的多いと思うんだけど…。ひどい園っていっぱいあるじゃない？

大豆生田　ありますよ〜。ぼく、養成校の教員ですよ、いっぱい知っています（苦笑）。

柴田　この間、立て続けに保護者に相談を受けたんですけどね。ひとり目は、最初に認可のない園に子どもを入れたそうなんです。でね、その子は園に行くと泣くんだって。そうしたら「泣く子は連れてこないでください」って言われたって言っていて。「えっ!?」って。

それからもうひとりの人は、2歳のときに行った園が、ずっとみんな一緒にすわらされているような園で、やっぱりそこで子どもが泣いたんだって。するとその園の先生は「泣いても連れてきてください。慣れますから」って言ったというの。そうしているうちに子どもが家で部屋から出てこなくなっちゃったって言うのね。

それで、ひとりの人は近くの幼稚園に変わったんだけど、そこは5時半まで預かってくれるというから「（預かりの）2時半から5時半までどうやって過ごすんですか」って聞いたら、「ちゃんと選ばせてますよ、ビデオかブロック」って言ったというの！　園から帰ってくると子どもが「きょうもいっぱい見た！」って言うって（苦笑）。

大豆生田　うーん（苦笑）。

柴田　これどうしたらいいでしょう、って相談されるんだけどねえ。大豆生田さんの感覚として、いま「主体性」とか、子どもを大事にしようよっていう方向に向いている園ってどのぐらいの割合なのかしら？

大豆生田　これについてはね、「子ども主体、子ども主体というけれど、それってそんなにあるのか」っていうことで、※ベネッセさんと調査をしたデータがあるんです。1000以上の園のデータを取ったところ、だいたい数的にもきれいに4つのタイプに分かれましたね。「A“子ども主体”を尊重」は全体の2割ちょっ

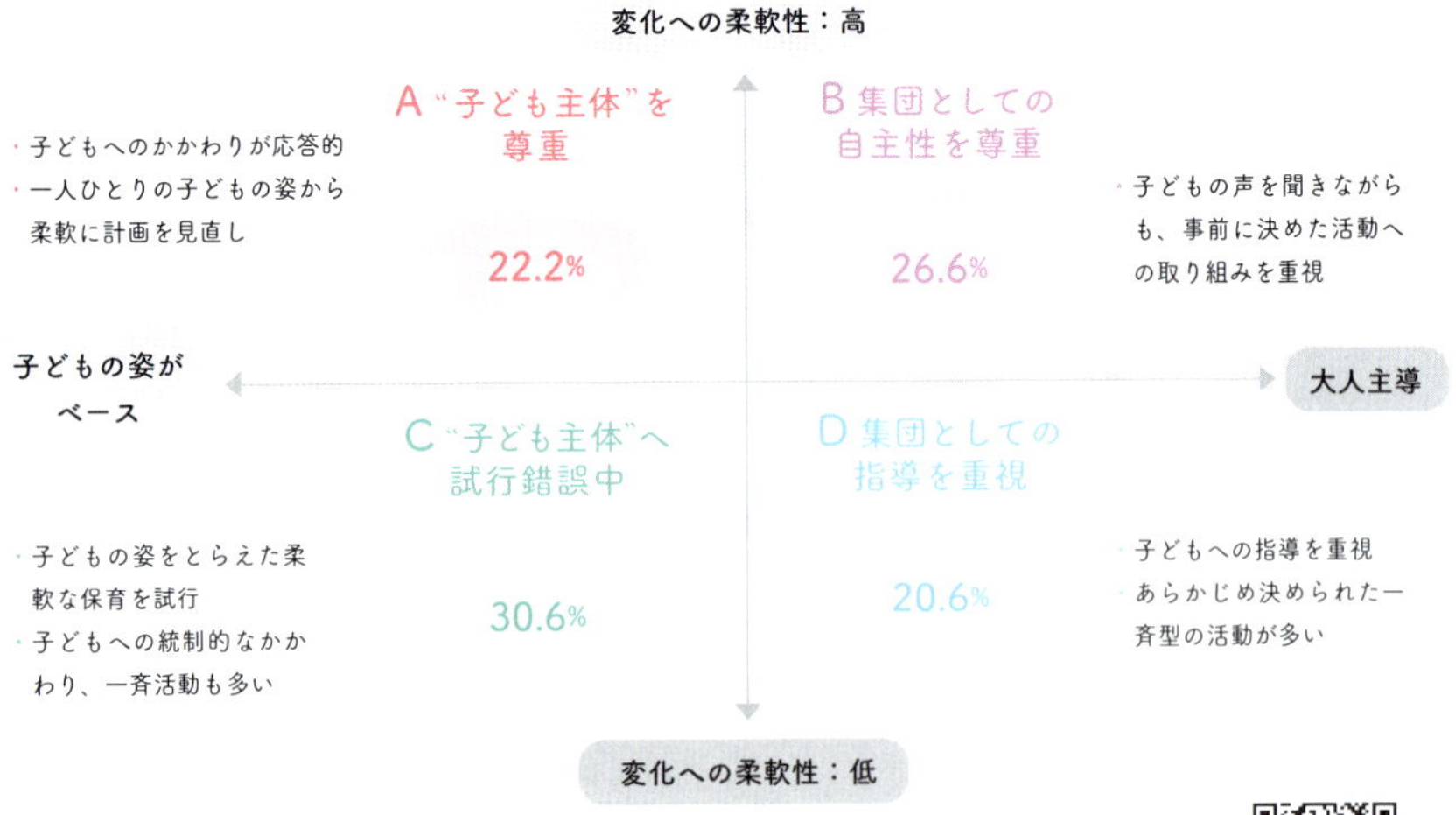

※「これからの保育を考えるための園基礎調査」：ベネッセコーポレーション

とでした。次に、遊びの時間も大事にしているけど、結構統制の時間も多かったり、いわゆる従来通りのような行事のやり方をしているような「B 集団としての自主性を尊重」が3割弱ぐらい。

柴田　うんうん。

大豆生田　それから、反対にいわゆる昔ながらの一斉保育をしている「D 集団としての指導を重視」は2割ぐらい、そして、もうひとつの「C〝子ども主体〟へ試行錯誤中」がおもしろいんです。子どもの主体性も尊重したいと思いながら、まだ管理的・統制的な面も強い園がこれに当たります。しかし、管理統制的な保育から、より子ども主体へと転換しようとしている。これが約3割ありました。

柴田　あ、そう！

大豆生田　そうすると、**じつは半分ぐらいの園は子ども主体、もしくはそれを目指そうとしてやっているというふうに見えてきて、これは以前に比べると増えたと思います。いままで変わらなかったものが変わってきた。**特に注目しているのは、子ども主体に変わろうとしているタイプの園が約3割いるっていうこと。ぼくの希望が実際にも表れ始めているとわかったのがこのデータなんです。**しかも1000以上のサンプルのほぼ100％近くの園が、子どもは主体的に育てたほうがいいって答えているんですよ。**

柴田　そうなんだ！

大豆生田　ということは、Dタイプも本当は子ども主体のほうがいいと考えているっていうことなんですよね。だから、ぼくが希望を描けてるのは、実際にそういうムーブメントが起きているというふうに見えているからなんです。そういう意味でいうと、さっき愛子さんがこれからが心配だっておっしゃったけど、ぼくはむしろ明るい希望を持っているんです。考えてみたら昔のほうが、親たちに受けるための練習ばかりの統制的な運動会になっていたり、ほぼ預かるだけの園も少なくなかった。

いまは子どもが少なくなっているし、乳幼児期から早期能力開発をやったりするようなスタイルにも限界がきている。そうした「○○式」から子どもの主体の保育に変わりだしている園もあります。ただし、当然過渡期なので、その葛藤の声はいっぱい出てくるんだろうと思ってます。

柴田　そうですよね。

大豆生田　こういう言い方をするのは適切ではないんですけど、最近聞かれる不適切な保育の話も、残念ではありますが表に出てきたことのよさもあると思っています。なぜかって言うと、ぼくは不適切保育が昔より増えているわけではないと思うからです。昔はもっと多かった。部屋から閉め出してしまうとか、給食を全部食べ終わるまで遊ばせないとか、昔はいっぱいあったんですよ。不適切な保育が増えたから社会問題になったんじゃなくて、世の中が「それ、おかしいよね」って見るようになった。**人権はイコール主体性ととらえれば、主体性が大事だっていうふうに、親たちの見方、一般の見方も変わりつつある**ことを示しているんだと思います。「ビデオ見せっぱなし？」それはまずいってあちこちで言

りんごの木

われるようになって、普通の親だってそれはわかり始めている。

待機児童が多くてこれまでは園を選ぶことができなかった。しかし、これからは良質な保育を選べる時代です。ただもちろん、早期教育的なサービスを選ぶ親もいることもよくわかっています。だからこそ、適切な情報をしっかりと発信していくことが大切な時代です。これは大きなチャンスだと思うんです。

柴田　でもね、内容的には親たちが変わり出してるかもしれないけど、働き方は全然変わってないじゃない。だから1分でも長く預けたいっていう親の気持ちって、これと相反さないんですか？

大豆生田　長い時間過ごすんだから、ましてや質の高い保育ってなりますよね。

柴田　その質の高い保育で11時間開設するところがないわけじゃない。親たちの働く時間が短縮されていく傾向はないの？

大豆生田　働き方改革も進められてはいます。どう考えたって、親たちの無理な働き方が少子化のひとつの要因になっている。保育の質を高めることと、働き方とはセットで変えていかなきゃいけないですよね。まだまだ課題は大きいです。親世代の働き方と園の保育時間は、もっと変えていくことが必要だと思います。

柴田　先進国はもう1回通りすぎたのに、日本は何してるのよ、ってね。なんでほかの国のやっていることを学んでこないんだって思ったりしますけどね。

大豆生田　その通りです。そこが変わることは、日本でも保育の負担が減ることにもなるんですよね。

柴田　そうですよね。

気楽に寄り合える場所と近所のおばちゃんおじちゃん的な存在と

大豆生田　この間、埼玉のある社会福祉法人が運営しているところに行って。その地域はおもしろかったなぁ。自分たちの園のほかにも、自然に触れて遊べる場だったり、町に産前産後から親子がかかわれるような仕掛けを、いろいろと作っているんですよ。こういう場があると何が違うかっていうと、園庭みたいなところで親子が自由に遊ぶので、「蚊がいて困る」とか「石ころがありましたよ」とか、その手の苦情は一切なくなる。つまり、こういうことも子どもにとっては必要なんだということを、親子が早い段階から子育て支援の場で緩やかに経験しながら、子どもを育てることができるんです。

それから、その中で多くの園がやっているのは、親たちが園の活動に参加して、たとえば、泥団子作りを親もやるということ。泥んこになっては困るって親は言うけど、自分がやったら意外とおもしろかったり、手応えがあって感動したりして、「いいじゃん、これ」って気づくことができる。つまりね、**親たちはクレーマーになりたいわけじゃなくって、経**

験がないんですよ。わが子にとってどうなのかがわからないから不安なんですよね。だからそうやって経験をすると、「子どもはこうやって育っていくのが大事なのか！」っていうのがわかってくる。親にそうやって緩やかに慣れていってもらうことをしていけば、意外とクレームはこないんです。そんなことも含めて、これからの保育を考えていく必要があるのかもしれません。

柴田　そうよね、親も参加するっていうのは、うちの運動会みたいね。りんごの木の運動会にも親たちの騎馬戦があるじゃない？　ルールなんてあったもんじゃないわよね（笑）。それはものすごいことになるんだけど、企画した最初の年の騎馬戦が終わったときに、親が「あー！　すっきりした！」って言ったの。ありったけ遊んで、ありったけ戦ってすっきりしたって。だから中途半端にルールを決めたりしないでよかったでしょって私は言ったんですけどね。やっぱり体験に勝る説得力あるものはないですよね。

大豆生田　はい、そうだと思います。運動会でいうと、コロナ禍に運動会などの行事を変えていった園が結構ありますよね。いままでは親たちが喜ぶからと、子どもたち全員が同じようにきれいに動いて出来栄えを見せるっていうようなことがあった。でも、そうではない運動会にしたら、思った以上に子どもが自分たちで考えるし、自分たちがわくわくしているから家に帰ってもその話をするし…。

柴田　そうよ！

大豆生田　あと、もうひとつは、親たちの参加を増やしたという園も多かったんです。いまおっしゃられたような親たちの対戦、たとえば綱引きとかをやったりすると、親たち自身が満足感を得られるんですよね。

柴田　そう！　そうなんですよね～。自分たちが満足するとね、子どもが走っても走らなくても記憶にないんだよね(笑)。「お宅の子、もう走った？」「あ、ちょっとわかんない」って。

大豆生田　だから**これからの園も、子育て支援の場も、親たちがわくわくする場、「共育て、共育ち」の場として考えることが大事で。やっぱり預けっぱなしじゃなく、そしてサービスじゃなくて、ともに育ち合う場として考えることが大事なんですよね。**

柴田　うんうん、そうね。あのね、私、ひとついいことを思いついたんだけどね。

大豆生田　はい。

柴田　いまは、高齢者がこれだけ多くなったじゃない。最初は自宅に他人を入れるっていうのを高齢者は結構拒否してたのに、いまや大変だからっていって掃除の人は来るし、料理の人は来るしって、90歳代がひとり暮らしできるぐらいのサービスがされてるじゃない？　もう始まっているかもしれないけど、同じようなサービスを子どもが産まれた人のところにしたらいいんじゃないかしら。子どもが泣いてる、どうしたらいいかわからなくて途方に暮れたときに、いまは救いの手がスマホしかない。ＡＩで赤ちゃんの泣き声から調べたり、見知らぬだれかにアドバイスを求めたりするんだけど、そうじゃなくってね。

最近、気づいたんだけど、ベビーカーで移動してる人たちって、呆れるほどのおもちゃをぶら下げているんですよね。泣いたらどうしよう、ぐずったらどうしよう、だからどういう手も打てるようにってぶら下げてるんだって。この間はベビーカーで電車に乗ろうとしている人がいてね、困っていそうだったから「何かお手伝いしますか」って言ったら、「いつもやっているから、大丈夫です」って言われて。「あ、そう。偉いね」って言ってそれきりだったんですけどね。

昔はどうしてただろうって考えると、ベビーカーはなかったし、物理的にはずっと不便だったんですよ。だからよくおんぶしている姿があって、物理的に便利なものの手伝いはもらわなかったけど、手伝ってくれるおばちゃんおじちゃんがいたんだよね。

大豆生田 声かける人、いっぱいいましたよね。

柴田 「あら〜、泣いてんのね、困っちゃったわね」ってね。

大豆生田 そんなにいろんなものをぶら下げ

なくたって、知らないおばちゃんおじちゃんに声かけられるほど、子どもの注意を引くものはないですよねえ。

柴田　私が大阪に行ったときも、大阪のおばちゃんってみんな飴をくれるんだなと思ったりしたけどね（笑）。だけど、そういうものを全部シャットアウトして、**人工的に作られたものだけが助けてくれるっていうふうになりつつあるじゃないですか。でもそれは本当の意味では、ほっとできることにはならない。**だから生まれたときから、サービスが家の中に入り込むといいんじゃないかって。最初は抵抗あるかもしれないけど、高齢者だってだんだん慣れてきてるから、若い親たちもだんだん慣れるんじゃないかしらと思ってるんだけど。どう？　そういうの。

大豆生田　いかにハードルを下げるかが課題ですよね。さっき（124ページ）の、ど

こにも通っていない子どもたちが孤立するリスクが高いという話につながるんですけど、そういう人たちはなかなか子育て支援の場に来られないんですよね。救われる場につながれない。その人たちにとってはインターネットがすごく救いになっているところもあるので、それは否定できない大事なツールなんですけれど、でもやっぱりどこかに人の手がかかわっていくことが大事。だから、国が全国的にやっていくこととしても、これからどんどんアウトリーチ型や伴走型の支援が増えていくと思います。

柴田　そう。

大豆生田　ただそれはものすごいコストかかるはずですから限界がある。そうするとやっぱり、**ハードル低く来てもらえる場所、人とつながれるような場所をどう作るか**ということが大事で、それは支援センターだけ作っても限界があると思うんですよね。本当に困っている人は、人が大勢いるところには入れなかったりする。さっき言った園では、駄菓子屋さんの店内に支援の人がいるんですよ。支援の人が駄菓子を売っているんです。駄菓子屋さんだからだれでも来れちゃうんですよね。すごくハードルが低い。そういう仕掛けをいろいろ行っている中に子育てカフェもあるんですね。一般の方も利用できるんですけど。いろんな人が、ここだと気軽にしゃべれちゃうみたいな場所になっていて、でもチラリと「困った」みたいなことを話せば、「ああ、それだったら話を聞こうか?」というような仕掛けができていて。これからは、そんな工夫が必要になってくるんだと思っています。今後、こうした多機能化した園の支援も期待されていますね。

園がいい場所になれば地域がいい街に変わる

柴田　私、りんごの木を立ち上げる前、駄菓子屋さんをやろうと思ったの！　やっぱり考えることは一緒ですよね。駄菓子屋さんをやろうと思ったんだけど、親があんまり歓迎していないことがわかってやめたんだけどね。でもそういうふうに、管理するんじゃなくて寄っていきたくなっちゃうような場所を作りたいと思って、それは駄菓子屋さんだなと思ったんです。

大豆生田　昔は子どもだけで動いていましたよね。いまは子どもだけではあんまり動けない時代なので、親子で動くんですよね。

柴田　そうねぇ。で、その次に、子どもの本の本屋さんをしようと思った時代もあるんですけれどね。本屋さんを開くためのマニュアル本みたいなのをまず買って調べたら、保証金がいるんだっていうことがわかって。お金は用意できないから、そこで大きな本屋さんの社長に会いに行って、お宅の児童書売り場ということで仕入れていただけないかって頼みに行ったりしてね。結局実現しなかったのは、子どもが集まってくるところってね、お金にならないことが多いのよ。それは経営的に無理っていうことで、ちょっとそのときは、どうしようかなぁと思いましたね。

大豆生田　さきほどの駄菓子屋さんをはじめ、多様な子育て支援を行っている法人さんなどでも、かなり経営的な工夫を行っているとお聞きしました。経営者としてのスキルも必要なのかもしれません。でも、大切なのは、その法人とリーダーのミッション、問題意識なのだと思いました。

柴田　なるほどね。

大豆生田　どこでも簡単にできる話ではないんですけどね。

柴田　そうですよね。でもそういうことよね。

大豆生田　はい。多分、これまでも子育て支援のことは一生懸命やっていたんだけれども、必ずしも機能していないという部分がある。その法人のような新たな発想として、子ども食堂ももっと園が運営しやすくなれば、ハードルが低くなっていろんな人たちがつながれると思うんです。「サービスを受ける対象だ、対象でない」とか、そういう心の狭い話じゃなくてね。「こども誰でも通園制度」だって、「だれでも」って言ってるところがじつはミソで。

柴田　うん。

大豆生田　どんな人でも救われる、ウェルビーイングにつながるような仕掛けをどう作っていくかのひとつなんですよね。そういうことを、これからどう社会の中で工夫していくか。カフェを作っている園もその工夫のひとつで、だれでもが来られるようにハードルを下げていると思うんです。

柴田　りんごの木でもやっているんですよ、子育てカフェ。
大豆生田　やっていますよね。
柴田　1家族500円で、スーパーで買ったお弁当も持ち込んでいいの。それはわずかだけど援助が出ています。だからりんごの木とは別な活動をしている形をとってますけどね。
大豆生田　改めて、愛子さんってものすごい数の相談受けていますよね。じつはりんごの木って、子どもだけじゃなく、わが家がそうであったように親もファンになっている場所なんですよね。なぜ、ぼくの家がここに移ってきて、ずっと住んでるかっていえば、りんごの木があるからなんですよ。園がそんな強い影響力を持ち得るかって思うんだけど、持ち得るんです。子どもだけじゃなく、ぼくと妻がそれだけあの時期支えられたことが大きい。親が支えてもらえる場所が地域の中にあって、そしてその場所を得た親子は、そういうマインドをもって小学校に上がり、小学校の保護者になるんです。その保護者が小学校のPTAでも活躍するのです。**子どもにとっていい場があると同時に、親たちにとってもいい場があるっていうことが街を変えるんですよね。良質な保育は「街を変える」のです。**それと、りんごの木では、じつは親たちのお話し会もやっているんですよね。
柴田　そうなの。
大豆生田　みんなが自分の本音を話して、そこに受け入れられる場があって。やっぱり子育てがすごくつらくなる家庭って一定層いるんですよね。その時期に本気になって悩みを受けとめて、一緒に考えてくれる園があるって、人生が変わるくらいすごいことです。しかも愛子さん、りんごの木だけじゃなくて、それ以外のいろんな人の相談を受けていますよね。

柴田　そうそうそう（笑）。この間も話を聞いたんだけどね、帰れる実家がないっていうのは、こんなにつらいことなのかと思ったの。その人は、夫とうまくいかなかったときにはベビーカーを押して街を歩いてるって言っていて「えっ!!」って。相談の大半は夫への不満だったんですけどね、最後に「私、帰る実家がないんです」って言ったときに、「そうなの。じゃあ私、あなたの実家になってあげるから。夫とケンカして外に出たときには私に電話して」って。それだけなのよね。

大豆生田　愛子さん、すごいですよね。

柴田　そしたら、帰ったらメールが来ていてね。「帰れる実家がないっていう緊張感がいつもあったけど、帰っていい場所ができたと

思ったとたん、夫がいい人に見えるようになった」って（笑）。

大豆生田　ハハハ（笑）。

柴田　「そうなの」ってね。相談は受けるけど、結局、何をしているわけじゃなくて、聞く耳を持つだけなのよ。

大豆生田　でもね、愛子さんのそれ、ぼくはもうちょっと深いと思っていて。

柴田　あら、そうなの？（笑）

大豆生田　ごめんなさいね（笑）。大学の授業でも、いわゆる相談援助技術のことって学ぶんですよ。受容と共感のことだって学ぶし、それを実践する人は、いくらでもいると思うんです。「うん、そうだよね。わかるわかる」っていうのはできる。もちろんそれは大事なんだけど、愛子さんのいまの言葉は、もう一歩超えています。積極的関心を持って聞いていいるってことであり、さらに伴走者としてかか

わっているということだと思います。だから相談をしている側には、本気で聞いていることがちゃんと伝わる。単なるカウンセラーとして聞いているのではなくて、「私とあなたの関係」で聞いてくれていることがわかっちゃう。

柴田　カウンセラーじゃないの、そうなのよ。それでね、きょうその人が、これ（レッグウオーマー）を持ってきてくれたんです。「愛子さん、寒そうにしていることあるよ」って。だから、「ありがとね」って言って。「あなたが私のことを見ててくれたことも、これを見つけたときに、〝あ、愛子さんにあげたい！〟と思ってくれたことも、私、すごくうれしい！」って言ったのね。その人が言うには、人にものをあげるときは裏があるんじゃないかって見る人が結構多いんですって。「愛子さんは素直に喜ぶって思っているから、これを買ってきたんです」って言ってくれたんですけどね。

こんなふうに、いただいている思いもすごく多いの。**なんで忙しいのに相談の人を入れちゃうかというと、違う頭になれるからなのよ。私からの発信じゃなくて、あちらからの発信で、私が潤わせてもらうっていうのかしら。だから、どんなことも一方通行っていうのはないのかなって思うのよね。**

大豆生田　自分のことを、そうやってしっかりとわかってくれるだれかがいたら、世界の見え方が変わるってこともそうだし、そのことで元気になってきたら、同じことを人に返してあげるようになるんですよね。愛子さんに直接返すのもあるかもしれないけれど、変わっていくと、ほかの人に返すようにもなっていくんですよ。

柴田　そうなのよね。その人とは定期的に会っているんですけど、昨日は、「あのね、私よりつらい人がいるのよ」って、ほかの人のことを話してくれたの。やっぱり、ちゃんとつながってくるのよ。私たち、そういう話ができるようなつながりができたのねって。

大豆生田　つながりますよね。いい街を作るというとき、ぼくはそこを言いたくって。**ちゃんと自分が満たされたら、子どもも親もほかの人たちに返すようになっていくんですよね。思いやりの循環です。**

柴田　何でもそうだと思いますよね。ちょっと違うかもしれないんだけど、りんごの木（見花山教室）がここに引っ越してきた当日に、近所の人に怒鳴り込まれたのね。「私たちは静かなところに家を建てて暮らしたいと思った。汗と涙で作った一軒家なんだ」って。それで「あんた何やりたいの？」って言われて説明したら、「あんたのやりたいことは山奥でやっといで」って言うから、「山奥には子どもがいないんです」ってね（笑）。

説明に行ったときは手土産も受け取ってもらえなかったし、「あんたんとこは、いつまでも子どもを泣かせてる」とか散々言われてきた。ところがよ、その一番怖かったおばちゃんが、5年も経つとすっかり変わって、とっても力強い味方になってくれるようになったんです。お誘いすると来てくれるし、並んで買った食材をお裾分けしてくれたり、洋服を直してあげるよって言って直してくれたりしてね。いまは90歳過ぎて、ご主人が2年ほど前に亡くなられたんだけど、この間久しぶりに会ったら、「お茶飲んでってくれない？」って誘われて、はいはいっておじゃましてね。息子が3人いるんだけど、いまはひとり暮らしだっていうのがわかって、そこにいない息子さんのグチを聞いたりもして。なんだか一生の友になっていくっていうのかしら、最初はおっかないおばさんだったのが、そのあとに応援団になってくれて、最後はこちらが応援する側になれたっていうか、それが何だかいいなって。最初は他人だったんだよね、っていう気がしましたけどね。

大豆生田　子どものことを大事にするっていう文化は、大人のことも大事にする文化なんですよね。子どもの声が騒音だっていう社会は病んでいるともいえるけれど、じつは、そういう人たちが子どもとかかわることが社会から欠如しちゃっているだけで、本当は寂しい中に生きてる人たちでもあると思うんですよ。ちょっとつながる機会があるだけで、自分が貢献できたりもするし、そのことが幸せにつながっていくこともある。

そういう意味で言えば、**「こどもまんなか社会」って、子どものためだけにあるんじゃなくて、「こどもをまんなかに据えることで、みんなが幸せになる社会」でもあるわけですよね。**

柴田　ほんと！　そうよね〜。

大豆生田　子どもにそうするように、みんなが大事にしあう社会にしようね、それぞれのそれぞれらしさを大事に、つながり合える寛容な社会にしようねっていうのを、子どもから始めませんかと。乳幼児期にかかわるぼくらから、そういう社会にしていかなくてはいけないなと思いますよね。

柴田　うんうん、そうですね。

Part6

ちょっと振り返り

mini review

りんごの木のように
子どもにとっても
大人にとっても
いい場所があると
街が変わるんですよね。

私からの発信じゃなくて
あちらからの発信で
私が潤わせてもらう。
どんなことも一方通行って
ないと思うのよね。

一人ひとりの感性とか、
主張を大事にしようよって言い始めたのってごく近年。
だから、まだみんな戸惑っているのよね。
でも人間ってさ、
温かいまなざしで見られて
伸びていかない子っていないのよね。
（柴田）

Part4より抜粋

子どもも大人も、
それぞれらしさを大事に
つながり合える寛容な社会にしようねっていうのを、
乳幼児にかかわるぼくらから、
始めていかなくてはいけないですよね。（大豆生田）

Part6より抜粋

おわりに

保育の「あたりまえ」を問い 新たな一歩を生み出すために

文／大豆生田啓友（玉川大学教授）

「あたりまえ」を問うということ

保育の世界には、これまであまり問われてこなかった「あたりまえ」の文化があります。それを愛子さんは、「保育の『ヘンな文化』そのままでいいんですか!?」と私に問いかけてきたことが、この対談の出発点となりました。その「ヘンな文化」は、それをこれまで行ってきた園からすれば、「あたりまえの保育」なのかもしれません。その「ヘンな文化」はその園の中では「あたりまえ」のこととして、思考停止し、問われることなく行われてきたのだと言えるでしょう。それって、ホントはだれも得をしていないのかもしれません。でも、その「あた

りまえ」を問うこと自体が、決して簡単ではないものでもあります。さあ、本書の問いかけをどう現場に生かせるでしょうか？

空気を読み合う職場風土

いま、多くの大人が会議や対話の場面で黙ってしまうのは、そこの場には何かどこかに「（問うことができない）暗黙の了解」、言い換えれば「よどんだ空気」があるからです。だれか「声の大きな人」の目に見えない「正解」があり、その正解から外れないようにみんながそのよどんだ空気を読み合うのです。だから、うっかり「私はこう思う」なんて、発言できないのかもしれません。不適切な保育のいくつものケースを調べる中で、「本当はそれまずいよな」って思っていても、それを問うことができない、あるいは問うことさえもう忘れてしまって、気がついたら自分も（気づかずに）その不適切な保育の当事者になってしまっているってことも少なくないのです。また、運動会などの行事は例年通りの内容で、保護者に見せるショーとして子どもはみんな同じように行動できるための練習に追われ、保育者も忙しくいらいらしながら準備に追われ、疲弊していても、なかなかその見直しを行うことは難しいものです。そこにも、「例年通りで変えないほうが楽だよね」という空気もあるからです。この対談本はそうした硬直化した現状にダウトをかけようとしているのだとも言えます。読者のみなさまの園は、もっと素敵な保育をされていると思います。

それでも、きっと、ここを問い直したいがきっとあったのではないでしょうか。

「よりよさ」を生み出す文化

愛子さんやりんごの木の魅力は、常に「あたりまえ」を問うことにあります。それは、特にりんごの木がずっと行ってきた「ミーティング」の中に顕著に表れるのです。以前、ピアノの上にすわって足で鍵盤を弾く子の話を聞きました。普通は、「ピアノは足で弾くものではありません」と子どもを叱って終わりそうな話です。しかし、りんごの木の大人同士で意見が分かれたとのこと。「なぜ、足で弾くのはダメなのか?」や足で弾くことの心地よさもあるのではないか、と愛子さんは一見あたりまえの「ダメ」な話にダウトをかけるのです。それは、いわゆる「常識」や「慣例」からではなく、その子の視点に立って考えることでもあるのかもしれません。だから、りんごの木では、常に「あたりまえ」を問う対話が起こるのです。それは、子ども同士の対話においても、大人の対話においても同様です。それぞれが、ほかの声に耳を傾けつつ、「二人称」的でありながら、私はこう思うという「一人称」の語りが響き合うのです。それが、ワクワクするような「よりよさ」を生み出す風土となっているのです。それが、「ヘンな文化」と「よりよさを生み出す文化」の違いだと言えます。「よりよさを生み出す文化」は、個々の声(思い)が尊重され、対話が重視され、常に「ほんとに、ほんとによいことって何だろう」をみんなで問いつつ、そのコミュニティーの「よりよさ」や「幸せ感」を創り出していく文化と言えるでしょう。よりよさを生み出すわくわく文化。読者のみなさまの園ではいかがでしょうか?